NEGOCIE QUALQUER COISA COM QUALQUER PESSOA

2ª reimpressão

EDUARDO FERRAZ

NEGOCIE QUALQUER COISA COM QUALQUER PESSOA

ESTRATÉGIAS PRÁTICAS
PARA OBTER ÓTIMOS ACORDOS
EM SUAS RELAÇÕES
PESSOAIS E PROFISSIONAIS

Planeta ESTRATÉGIA

Copyright © Eduardo Ferraz, 2020
Copyright © Editora Planeta do Brasil, 2020
Todos os direitos reservados.
www.eduardoferraz.com.br

Preparação: Diego Franco Gonçales
Revisão: Vanessa Almeida e Nine Editorial
Diagramação: Triall Editorial Ltda
Capa: Fabio Oliveira

Dados Internacionais de Catalogação na Publicação (CIP)
Angélica Ilacqua CRB-8/7057

Ferraz, Eduardo
  Negocie qualquer coisa com qualquer pessoa: estratégias práticas para obter ótimos acordos em suas relações pessoais e profissionais / Eduardo Ferraz. – São Paulo: Planeta do Brasil, 2020.
  224 p.

ISBN: 978-85-422-1919-7

1. Negociação 2. Comunicação I. Título

20-1528   CDD 158.5

Índices para catálogo sistemático:
1. Negociação

 Ao escolher este livro, você está apoiando o manejo responsável das florestas do mundo e, outras fontes controladas

2025
Todos os direitos desta edição reservados à
EDITORA PLANETA DO BRASIL LTDA.
Rua Bela Cintra 986, 4º andar – Consolação
São Paulo – SP CEP 01415-002
www.planetadelivros.com.br
faleconosco@editoraplaneta.com.br

Sumário

Prefácio 7
Introdução 9

Parte I — BASE: O que você precisa saber antes de negociar qualquer coisa 19
Capítulo 1. O que você perde ao não saber negociar 21
Capítulo 2. Os estilos estruturais do negociador 27
Capítulo 3. Os tipos de negociação 51
Capítulo 4. Os motivadores pelos quais se negocia 65
Capítulo 5. Os trunfos para negociar melhor 87
Capítulo 6. BATNA 101

Parte II — PREPARAÇÃO: Como se preparar antes de a negociação começar 107
Capítulo 7. Autoanálise 109
Capítulo 8. Análise do outro lado 115
Capítulo 9. Definição de metas 121
Capítulo 10. Estratégias de concessões 129
Capítulo 11. Gestão de conflitos: como lidar com pessoas difíceis 139

Parte III — AÇÃO: Como agir quando estiver frente a frente com seu interlocutor 155
Capítulo 12. Crie vínculo 157
Capítulo 13. Faça perguntas e ouça com atenção 163

Capítulo 14. Apresente sua proposta...179
Capítulo 15. Faça ajustes..193
Capítulo 16. Feche o acordo...205
Anexo..211

Agradecimentos..215

O autor..217
Referências bibliográficas..219

Prefácio

O ano era 2008, e eu estava em um importante congresso de três dias em Curitiba, assistindo a dezenas de palestras dos mais diversos temas, até que, em uma dessas apresentações, conheci o autor desta obra: Eduardo Ferraz. O auditório estava lotado, e durante noventa minutos eu fiquei em pé, admirado com a riqueza do conteúdo e com a impressionante didática com que ele conduziu a palestra e conquistou a plateia. A consequência de sua brilhante apresentação foi o título de melhor palestrante daquele congresso.

Após o término do evento, demorei cerca de duas horas para conseguir falar com ele, pois muitos também queriam interagir, fazer perguntas e parabenizá-lo. Enfim conversamos sobre a possibilidade de ele fazer apresentações nas cidades em que eu atuava.

A oportunidade surgiu alguns meses depois, quando contratei o doutor Patch Adams, médico imortalizado pelo ator Robin Williams no filme *Patch Adams – O amor é contagioso*, que atrairia enorme atenção para meus eventos em Brasília, Belo Horizonte e Goiânia. Convidei Eduardo para também palestrar, a fim de elevar o conteúdo e garantir o sucesso do evento. Você deve estar se perguntando: garantir o sucesso? Sim, há mais de quinze anos contratando especialistas, sei que nem sempre quem tem fama mundial é garantia de encantamento. Para resumir, Eduardo teve um desempenho espetacular para um público acima de 2 mil pessoas e foi muito mais bem avaliado do que o médico hollywoodiano. Começamos aí uma longa e bem-sucedida parceria.

Em paralelo, vi nascer seus dois primeiros livros e sua determinação em ampliar a forma de atingir pessoas e desenvolvê-las. Fui um dos privilegiados a lê-los mesmo antes do lançamento, da mesma maneira que sou agora, como convidado a apresentar o autor neste prefácio.

Antes de prosseguir, gostaria de dizer que sou o empresário que mais contrata palestrantes no Brasil. Nesses quinze anos de atividades, contratei mais de trezentos profissionais para ministrar palestras e treinamentos, de dentro e de fora do país. Produzi mais de oitocentos eventos e fiz (e faço) avaliações detalhadas sobre a performance de cada um deles. Meu objetivo é trazer talentos que possam oferecer o que há de melhor em conhecimento para ajudar pessoas e empresas no aprimoramento de seus resultados. Posso garantir, com números, que o autor desta obra está no topo de minha seleta lista de melhores palestrantes e consultores do Brasil.

Também posso atestar a eficácia do conteúdo deste livro em nossas salas de aula, por meio dos treinamentos de negociação ministrados pelo Eduardo a executivos e empresários muitíssimo exigentes. O método prático e o consistente embasamento teórico deixam nossos clientes encantados.

Portanto, não perca tempo. Aproveite cada página deste fantástico livro e adquira uma base sólida para negociar qualquer coisa, com qualquer pessoa. Certamente você fechará acordos que o farão triunfar cada vez mais!

Um abraço,

José Paulo Furtado
Sócio-diretor – N Produções

Introdução

"Negociação é o processo de comunicação que ocorre quando queremos algo de outra pessoa ou quando outra pessoa quer algo de nós."

G. Richard Shell

Mesmo sem perceber, quase todos executam rotineiramente dezenas de negociações: o horário dos filhos dormirem; a compra ou a venda de um carro ou de um imóvel; uma melhor taxa com o gerente do banco; um reajuste salarial com o chefe ou subordinado; quando tirar férias; onde passar o Natal com a família; um corte de despesas em casa ou no trabalho; a contratação de um seguro; a mudança da operadora de telefonia; a troca de um fornecedor para sua empresa.

O problema é que surgem várias dúvidas. Será que não deveria ter insistido mais? Não fui muito duro – ou muito tolerante? Paguei mais do que deveria? Será que cedi demais? Causei boa impressão na apresentação do projeto? Fui convincente na entrevista de emprego? Cometi algum "sinericídio" com um amigo? Será que falei demais – ou de menos – em minha exposição?

Além desses questionamentos cotidianos, é provável que você também queira saber: qual a melhor hora para apresentar uma proposta? Como evitar conflitos? Quando desistir de uma negociação? Como definir um valor justo para meu serviço ou produto? Como mostrar meus talentos sem parecer arrogante? Como dizer "não" sem ofender? O que, de fato, é um acordo vantajoso? Como lidar com pessoas desagradáveis? Como agir sob pressão extrema? Como reagir a uma proposta absurda? Como testar o limite do outro, sem ofender?

Para se sair bem nas mais variadas situações, é preciso dominar técnicas eficazes para negociar *qualquer coisa* e que possam ser utilizadas com *qualquer pessoa*.

"Qualquer coisa", porque muitas situações – como um pequeno acidente de trânsito – são imprevisíveis. E "qualquer pessoa", pois o motorista do outro carro pode ser uma pessoa violenta ou estar embriagado.

Negociar bem não significa ganhar sempre, mas chegar a acordos mutuamente vantajosos. Pode ser recusar a proposta de sociedade de um grande amigo sem magoá-lo, ou convencer o cônjuge a mudar hábitos que estão prejudicando o relacionamento.

Se malconduzidas, as negociações podem render mágoas, rupturas, conflitos ou impasses. Se bem administradas, podem estreitar o relacionamento entre as partes envolvidas.

O fato é que saber negociar se tornou questão de sobrevivência, pois quase todos os dias você terá de tratar situações com quem conhece e gosta (um amigo), conhece e não gosta (um concorrente desleal), não conhece e não tem restrição (um novo cliente), não conhece e não gostaria de conhecer (o namorado esquisito de sua filha adolescente ou o pai ciumento de sua namorada).

Quer um exemplo prático? Quantas das dez decisões mais importantes – pessoais e profissionais – tomadas nos últimos meses foram decididas apenas por você, sem necessidade de consultar ou convencer alguém?

Provavelmente nenhuma, pois mesmo tendo uma posição dominante, você precisou pesquisar, ouvir, questionar, persuadir, contornar objeções e ajustar sua proposta antes de, enfim, decidir.

O interessante é que a maioria das pessoas sente dificuldade ou não gosta de negociar, mesmo que, como vimos, seja obrigada a fazê-lo, todos os dias. Como consequência, perdem pequenas e grandes oportunidades, ou pior, concordam com situações prejudiciais por falta de preparo ou por sentirem-se desconfortáveis. Tais dificuldades acabam induzindo o indivíduo a pensar que não leva jeito para ser um negociador competente.

Para sanar tais entraves, buscam livros ou programas de negociação; porém, desistem em seguida, pois o tema parece muito complexo, com jargões incompreensíveis ou aparentemente destinados a especialistas. E, então, se perguntam: "Não existe um material prático que eu possa usar no dia a dia, mas que não subestime minha inteligência com soluções simplistas?".

Este livro foi elaborado para atender às necessidades dessas pessoas. Meu objetivo é mostrar como qualquer um pode aprender a usar técnicas práticas para aumentar seus ganhos ou evitar perdas em pequenos e grandes acordos.

Em meus mais de trinta anos de experiência em treinamentos e consultorias nas áreas de negociação, vendas e gestão de pessoas, trabalhei com milhares de indivíduos – de presidentes e diretores de empresas de grande porte, em cursos fechados com até cinco módulos e quase um ano de duração, até o público leigo, em treinamentos curtos – sempre com resultados excelentes.

Em muitos casos, tive o privilégio de acompanhar as conquistas de muita gente que, antes do treinamento, sentia-se insegura para negociar até mesmo situações banais. Essas pessoas, depois de usarem o método por algumas semanas, tornaram-se muito mais confiantes para negociar até situações complexas, seja na vida pessoal ou profissional.

Em todos esses anos, respondi milhares de perguntas, inclusive pelas mídias sociais, e estimo que mais de 90% delas foram feitas por pessoas que não são negociadores profissionais. Tenho conteúdo e experiência para escrever estritamente para negociadores profissionais, mas prefiro atendê-los em consultorias ou em treinamentos fechados, com extensa carga horária para estudar e resolver casos complexos e específicos. Este livro, entretanto, é destinado em especial àqueles que gostariam de melhorar seus acordos sem ter de transformar o ato de negociar em uma profissão.

Tendo isso em mente, escrevi a primeira edição em 2014 (lançada em abril de 2015), e minhas melhores expectativas foram amplamente superadas. Mesmo sendo um livro "técnico", ficou mais de cinquenta semanas consecutivas nas listas de mais vendidos, com treze reedições e mais de 100 mil exemplares vendidos, sendo possivelmente o livro sobre negociação mais vendido no país em todos os tempos. Além disso, obteve ampla repercussão na mídia nacional.

Nesta nova versão, escrita e publicada em 2020, mantive a espinha dorsal da teoria, mas atualizei informações, escrevi novos casos e acrescentei informações ou detalhes, baseado nos muitos feedbacks que recebi de leitores. Você poderá conhecer mais detalhes em *negociequalquercoisa.com*.

Por uma questão didática, dividi o livro em três partes:

Parte I – BASE: O que você precisa saber antes de negociar qualquer coisa

Seja por ansiedade ou despreparo, muitas pessoas partem para a ação prática e ignoram a fundamentação teórica. Trata-se de um erro grave, pois desperdiçam um tempo precioso por atuarem no modelo de tentativa e erro e, principalmente, perdem muitas negociações sem saber o que deu errado, aumentando a insegurança e baixando a autoestima. Por isso, é importante dominar os fundamentos básicos antes da negociação começar.

Analisaremos seis regras fundamentais para uma negociação eficaz, divididas nos seguintes capítulos.

Capítulo 1. O que você perde ao não saber negociar

Veremos por que não saber ou não gostar de negociar costuma trazer grandes prejuízos financeiros e emocionais, não só no curto, mas principalmente no longo prazo.

Capítulo 2. Os estilos estruturais do negociador

Estudaremos os cinco estilos com os quais as pessoas mais negociam. Haverá um teste para que você conheça seu estilo predominante e aprenda a identificá-lo em seus interlocutores.

Capítulo 3. Os tipos de negociação

Analisaremos quatro situações que englobam qualquer negociação. Entendê-las facilitará seus acordos, pois cada uma delas demandará uma estratégia específica de ação, evitando gasto desnecessário de tempo e energia.

Capítulo 4. Os motivadores pelos quais se negocia

Entenderemos que pessoas negociam por seis grandes motivos. Haverá um teste para você conhecer sua escala motivacional e aprender a identificá-la em seus interlocutores. Essa compreensão será de vital importância para satisfazer seus anseios e os de seu interlocutor.

Capítulo 5. Os trunfos para negociar melhor

Abordaremos os principais trunfos para obter melhores resultados – pouco usados, seja por falta de percepção e estratégia, ou por receio de parecer arrogante. Veremos como usar seus pontos fortes sem demonstrar prepotência e como atenuar seus pontos fracos.

Capítulo 6. BATNA (alternativas)

Veremos como preparar alternativas em situações complexas, quando você tiver pouco poder ou houver má vontade da outra parte, por exemplo. Constataremos que quase sempre haverá uma solução razoável.

Parte II – PREPARAÇÃO: Como se preparar antes da negociação começar

Depois de dominar os seis fundamentos da base, será hora de preparar estratégias que facilitem ótimos acordos. Os cinco passos de uma boa preparação estão distribuídos nos capítulos seguintes.

Capítulo 7. Autoanálise

Você verá a importância de conhecer seu estilo, seus motivadores, seus trunfos e suas alternativas antes de definir seus objetivos pessoais e profissionais.

Capítulo 8. Análise do outro lado

Veremos o que analisar para oferecer um acordo que atenda às necessidades mínimas da outra parte, sem prejudicar os seus objetivos.

Capítulo 9. Definição de metas

Nessa fase, estudaremos como estipular metas ousadas, mas alcançáveis; o que considerar para definir o preço de um produto ou serviço; e como avaliar os parâmetros para insistir, recuar ou desistir de uma negociação.

Capítulo 10. Estratégias de concessões

Analisaremos o que vale a pena ceder, com a intensidade e *timing* mais adequados a cada situação. Veremos quais formas de concessão facilitam e quais destroem acordos.

Capítulo 11. Gestão de conflitos: como lidar com pessoas difíceis

Por mais que você tenha boa vontade e paciência, existem pessoas difíceis (agressivas, desinteressadas ou egoístas) que quase sempre geram conflitos ou impasses. Veremos estratégias práticas de como lidar com elas.

Parte III – AÇÃO: Como agir quando estiver frente a frente com seu interlocutor

Depois de dominar os seis fundamentos da base e os cinco passos da preparação, chegou a hora de analisar como agir quando estiver frente a frente com seu interlocutor ou oponente.

Capítulo 12. Crie vínculo

Estudaremos técnicas para "quebrar o gelo" e se aproximar emocionalmente de seu interlocutor, sem demonstrar subserviência ou fraqueza.

Capítulo 13. Faça perguntas e ouça com atenção

Veremos como e qual será o melhor momento de fazer perguntas delicadas, difíceis ou constrangedoras, mas que possibilitem obter informações relevantes para o ajuste fino de sua estratégia de ação.

Capítulo 14. Apresente sua proposta

Analisaremos que tipos de propostas têm maiores chances de ser aceitas, baseadas nos diferentes níveis de confiança e de informações que você conseguiu reunir até agora.

Capítulo 15. Faça ajustes

Por melhor e mais justa que tenha sido sua proposta, quase sempre haverá dúvidas, certa desconfiança, algumas objeções ou dificuldades práticas. Veremos como resolver e ajustar os empecilhos mais comuns.

Capítulo 16. Feche o acordo

Analisaremos todo o histórico da negociação para usar técnicas de fechamento que sejam coerentes com seu estilo, sua proposta e sua estratégia como um todo. Um bom fechamento trará satisfação para ambas as partes.

Ao longo desse percurso, é importante que você se atente a alguns pontos importantes:

1. Usarei uma metodologia com forte embasamento teórico, mas adaptada à minha prática de mais de trinta anos em consultorias e treinamentos.
2. As histórias e personagens são baseadas em situações reais que observei ou pelas quais passei. Entretanto, mudei os nomes e, em alguns casos, a área de atuação, para que as pessoas não possam ser identificadas.
3. Para facilitar a leitura, haverá diferenciação na apresentação da teoria e dos casos – inclusive com o uso de destaques e tipografia diferente. Assim, será muito mais fácil para uma releitura, quando você quiser acessar apenas o conteúdo teórico ou relembrar os casos.
4. Desenvolvi os primeiros modelos dos testes que você preencherá quando comecei minha carreira de consultor. Com o passar dos anos, eles foram sendo aprimorados mediante centenas de *feedbacks* até chegar à versão disponível neste material. Você poderá preencher gratuitamente os mesmos testes em *negociequalquercoisa.com/testes-real*.

5. Sugiro que faça uma primeira leitura do começo ao fim, para conhecer todas as técnicas, antes de começar a negociar para valer. Provavelmente, você não usará todas ao mesmo tempo; porém, quando precisar, saberá onde encontrar cada conteúdo para diferentes situações. Com isso, você se habituará ao método e, depois, essa nova maneira de negociar será feita com eficiência e segurança.

   Boa leitura e mãos à obra!

Parte I

BASE: O que você precisa saber antes de negociar qualquer coisa

> "Para prever o futuro, é preciso analisar o que ocorreu no passado."
>
> Maquiavel

Ainda que você não seja um especialista em negociação – e nem queira ser –, será importante conhecer os fundamentos que norteiam desde as negociações básicas até aquelas de alto nível.

Se você entender a base, estará preparado para conseguir bons acordos nas mais diversas áreas, pois esses princípios existem há muitos anos e ainda serão válidos por muito tempo.

Essa base também será essencial para quebrar alguns paradigmas que costumam atrapalhar o processo de negociação, como as crenças de que é preciso ser duro para impor respeito, que é necessário ter altas expectativas, que não se pode criar intimidade com o seu oponente ou que não se pode perder uma oportunidade para pressionar seu adversário.

Esses são conceitos repetidos à exaustão e podem, eventualmente, funcionar em situações específicas. Mas, na maioria dos casos, induzem conflitos, impasses e ressentimentos desnecessários.

Também há pessoas que repetem o mesmo comportamento e não conseguem se adaptar a outros modelos mentais, perdendo oportunidades valiosas por falta de informação ou preconceito.

No início, você precisará preencher alguns testes, fazer anotações e analisar quadro a quadro. Entretanto, com o passar do tempo, essa análise ficará mais fácil, e você a fará com pouco esforço.

Sei que algumas pessoas ficarão ansiosas, achando que possa haver muita teoria nesta primeira parte do livro. Minha sugestão é: tenha um pouco de paciência e vá até o fim! Você será recompensado na sequência, que ficará cada vez mais prática.

Vamos às seis fases da base.

Capítulo 1

O que você perde ao não saber negociar

> "Ou você tem uma estratégia, ou será parte da estratégia de alguém."
>
> ALVIN TOFFLER

Não saber ou não gostar de negociar pode trazer para você grandes prejuízos financeiros e emocionais, pois, mesmo sem perceber, alguns acordos afetarão sua semana, seu ano ou toda sua vida.

Imaginemos um dia normal de quatro pessoas: um estudante, uma executiva, uma profissional liberal e um aposentado. Nenhum deles é negociador profissional, mas, ainda que não se deem conta, negociam o dia todo. Vamos ver exemplos de negociações na vida de cada um desses personagens.

Estudante (faixa dos 18 anos)
- A tentativa de fazer a segunda chamada de uma prova em outra data.
- A formação de equipes para estudar ou preparar trabalhos e os papéis de quem fará a digitação, a apresentação oral, a pesquisa bibliográfica e os estudos de caso.

- A conquista e a manutenção saudável de seus relacionamentos sociais e amorosos.
- Conseguir uma escala de trabalho compatível com seus estudos.
- Em casa, dividir com os irmãos a atenção dos pais, para conquistar espaço físico e emocional.
- Negociar com sua turma questões de pressão social por consumo de substâncias prejudiciais à saúde.
- Vender livros do semestre anterior para calouros da escola.

Executiva (faixa dos 30 anos)
- Organizar a agenda e as metas de seus subordinados.
- Fazer a gestão meritocrática de sua equipe, o que envolve motivar, dar *feedbacks* positivos, fazer críticas e, eventualmente, demitir alguém.
- Convencer seus superiores a aprovar projetos arriscados, a não cortar seu orçamento, a dar mais autonomia ou até um aumento de salário para ela.
- Negociar com clientes diversos.
- Escolher treinamentos que agradem à equipe e, ao mesmo tempo, proporcionem bons resultados.
- Mediar conflitos entre pessoas de diferentes departamentos.
- Administrar o tempo de atenção e dedicação com cônjuge, filhos, parentes e amigos.

Profissional liberal (faixa dos 40 anos)
- Ser flexível com clientes indecisos.
- Conseguir trabalhar em casa sem interrupções de familiares.

- Negociar seus honorários com novos clientes.
- Conquistar novos parceiros de trabalho.
- Explicar detalhadamente seus pontos de vista antes de tomar decisões.
- Conseguir trabalhar em equipes multidisciplinares.
- Negociar um aumento de seus honorários com clientes antigos.

Aposentado (faixa dos 60 anos)
- Reorganizar a relação com familiares que não estão acostumados a tê-lo em casa por tanto tempo.
- Negociar ajustes no orçamento familiar, pois a renda será inicialmente menor.
- Analisar propostas para atuar em outras atividades profissionais, como ser sócio em um negócio, prestar consultoria ou conseguir um novo emprego.
- Ajustar a agenda social (amigos, parentes etc.) para dedicar mais tempo a atividades não profissionais.
- Aprender a dizer não a propostas injustas, como: "Agora que você tem mais tempo, poderia me ajudar em...".
- Formar uma nova *network* para ampliar horizontes.
- Engajar outras pessoas para fazer trabalhos voluntários.

Se perguntarmos a essas quatro pessoas quanto elas negociam no dia a dia, por incrível que pareça, dirão que são poucas vezes, pois associam negociação apenas a situações profissionais, como a compra de um concorrente, a conquista de um grande cliente ou uma mudança de emprego. Também dirão que negociam de maneira informal, sem preocupação com os detalhes – e muito menos com os resultados obtidos.

Como isso é possível? Quais motivos levam tantas pessoas a ter dificuldade de negociar?

Baseado em minha experiência, são quatro grandes razões:

Falta de treinamento. A maioria nunca foi estimulada a negociar quando criança, nem treinada quando adulta. Nas empresas, os poucos cursos de negociação são quase exclusivamente voltados para a área comercial ou de compras. Mesmo gerentes e diretores experientes de áreas técnicas são pouco treinados nesse quesito. Imagine, então, professores, estudantes, profissionais liberais, pessoal administrativo, pessoas que trabalham em casa etc… quase nada!

Aversão a conflitos. Negociar com pessoas difíceis é desagradável e, infelizmente, todo mundo se depara com indivíduos agressivos, mesquinhos, intolerantes ou egoístas. O problema é que, para se livrar logo do desconforto e evitar discussões, muitas pessoas acabam aceitando situações absurdas, seja de um chefe tirânico, de um cônjuge grosseiro, de um vizinho folgado ou de um vendedor insistente, e dizem com frequência que "é melhor ceder para evitar discussões".

Vergonha em defender seus interesses. O brasileiro típico é educado para, desde a infância, ser flexível no âmbito social. Isso muitas vezes significa ceder excessivamente para não parecer egoísta. Portanto, muita gente se envergonha de defender seus interesses, por considerar inadequado ou constrangedor. É um paradigma equivocado, e quem age assim não costuma obter acordos justos.

Material inapropriado. Diversos livros pregam que todos deveriam aprender a negociar melhor suas demandas. Contudo, empregam uma terminologia muito técnica, citam casos que envolvem grandes empresas, libertação de reféns, acordos comerciais entre nações ou fusões e aquisições entre megacompanhias. O problema é que boa parte do material é, na verdade, ou escrito para especialistas – e, com isso, os leigos não se sentem contemplados com casos condizentes com seu dia a dia, ou são conteúdos superficiais, sem oferecer uma base teórica e sem propor uma metodologia realista de negociação.

Todas essas dificuldades, infelizmente, não eliminam a enorme necessidade de negociar seus interesses, e se você não se esforçar para aprender a fazê-lo, perderá em muitas situações.

Imagino que você se identifique com alguns dos problemas apresentados pelos personagens ou conheça gente que passa por eles e se pergunta: "Casos assim ainda podem ser resolvidos?".

Podem, mas será preciso mudar a forma de agir e aprender a negociar para valer! O tempo, os relacionamentos e o dinheiro perdidos em negociações ruins representam um grande atraso de vida. Quanto mais cedo perceber as injustiças que sofre ou os erros que comete por não saber negociar, menos difícil será corrigi-los.

Durante o livro, você verá como esses e muitos outros problemas enfrentados no dia a dia poderiam ser resolvidos com o método e as técnicas de negociação aqui propostas, e que, ao praticá-las, você vai parar de perder pequenas e grandes oportunidades. Também verá que é possível obter os seguintes resultados:

- Melhoria na autoestima ao aprender a impor limites.
- Ganhos financeiros consideráveis ao conseguir melhores condições.
- Mais tempo livre ao evitar retrabalhos.
- Relações pessoais mais saudáveis.
- Segurança para dizer não quando for a melhor opção.
- Consciência tranquila ao saber que estudou as melhores alternativas possíveis.
- Reconhecimento de suas habilidades como negociador.
- Mais oportunidades profissionais.

> Antes de continuar a leitura, como exercício, faça uma rápida análise de seu contexto.
>
> - Com quem você negociou nos últimos dias?
> - Você conseguiu bons resultados?
> - Você já perdeu algo significativo por não conseguir defender seus interesses?
> - Quais problemas está enfrentando por não conseguir negociar bem?
> - O que gostaria de ganhar?
> - Qual é a mudança mais urgente em sua vida que depende de sua habilidade de negociação?

Você concluirá que aprender a negociar bem melhorará seu dia, seu ano e, provavelmente, sua vida.

Capítulo 2

Os estilos estruturais do negociador

"Você só consegue explicar aquilo que entendeu."
JOELMIR BETING

Segundo James Heckman, ganhador do prêmio Nobel de Economia em 2000, a personalidade de um adulto pode ser comparada a um edifício: não se muda a estrutura (as fundações), mas é possível mudar o acabamento (fachada, móveis, pintura e decoração, por exemplo).

Aprender a tocar um instrumento, praticar um novo esporte, mudar de profissão ou aprender um novo idioma, apesar de custar enorme esforço, seria o equivalente a mudar o acabamento.

A dominância, em contrapartida, faz parte da estrutura e, portanto, é improvável que uma pessoa com personalidade dominante, que goste de comandar, transforme-se em alguém submisso e obediente. Em meus livros *Por que a gente é do jeito que a gente é?* e *Seja a pessoa certa no lugar certo*, explico em detalhes que a estrutura da personalidade é relativamente estável em adultos saudáveis. Em outras palavras, é possível prever os comportamentos de um indivíduo em situações futuras, pois, apesar de a personalidade adquirir alguma maleabilidade com o passar dos anos, sua estrutura será a mesma durante toda a vida.

Portanto, você possui características comportamentais marcantes (e, em muitos casos, inconscientes) que definem sua personalidade e influenciam bastante seu estilo de negociar. Existem cinco estilos mais comuns, e é normal que a pessoa tenha um estilo predominante. Depois, seguem-se dois estilos secundários – que aparecem com alguma frequência, mas abaixo do predominante. Por fim, dois estilos circunstanciais, que surgem apenas em situações específicas.

Entre as páginas 44 e 48, você encontrará testes para identificar seu estilo predominante e os secundários. Você decide se vai preenchê-los antes ou depois de ler o texto que vem a seguir.

Os cinco estilos de negociação

Estilo competitivo. Caracteriza as pessoas que gostam de obter vantagens o tempo todo, em qualquer situação – inclusive em momentos de lazer, usados por elas como motivo para disputas. São aqueles que quase brigam fisicamente por causa de um torneio esportivo no fim de semana; insistem em levar vantagem nas mínimas situações, como pedir descontos – às vezes de centavos – em qualquer compra; gostam de dar a última palavra para sentir que têm o controle da situação; têm dificuldades de enxergar as necessidades alheias ou de compartilhar suas conquistas.

Esse tipo de pessoa acaba obtendo bons resultados, uma vez que é muito focada em alcançar suas metas, custe o que custar. No entanto, muitos evitam se relacionar com elas por considerá-las desagradáveis e insensíveis, mesmo no dia a dia.

Pessoas em que esse estilo predomina costumam apresentar as seguintes características:

- São competitivas.
- Odeiam perder.
- São ambiciosas.
- Evitam ceder.
- Dão pouca atenção às necessidades alheias.
- Fazem poucas concessões.
- Pressionam o tempo todo.
- Pedem descontos em qualquer situação.
- Negociam de maneira agressiva.
- São determinadas.

▲ Pontos fortes	▼ Pontos fracos
Alcançam ótimos resultados.	Podem gerar ressentimentos.
Têm fama de competentes.	Podem criar conflitos e impasses.
São diretas.	Podem ser egoístas.
Impõem respeito.	Podem gerar medo.

Caso – O "rolo compressor"

Jaime é advogado, mas trabalha como corretor de imóveis há cerca de dez anos. Reconhecidamente, obtém resultados muito acima da média de seus concorrentes: fecha pelo menos trinta boas vendas por ano, tem uma carteira com clientes de alta renda, é ambicioso, determinado, trabalhador, inteligente e bem-informado.

Ele teria tudo para ser um profissional fora de série, mas apresenta diversos problemas de relacionamento e cria conflitos com colegas da empresa, concorrentes, chefes e até com clientes.

Já mudou cinco vezes de emprego e está prestes a ser demitido do atual, em uma grande imobiliária, mesmo tendo batido todas as metas de venda três meses antes do fim do ano.

Como Jaime é extremamente competitivo, acaba assediando os clientes dos colegas, usa os melhores horários dos plantões e se torna inconveniente até mesmo com alguns clientes, que reclamam de sua insistência exagerada.

Jaime alega que divide uma parte da comissão quando vende para clientes de colegas, que troca de horário no plantão apenas com quem aceita e que realmente é persistente, principalmente com pessoas de maior poder aquisitivo.

A direção da empresa reconhece seus ótimos resultados, mas acredita que ele está criando um ambiente de trabalho ruim, inclusive com quebra de hierarquia, pois não hesita em ligar diretamente para os diretores com o intuito de conseguir melhores condições, desrespeitando os limites atribuídos por seu gerente.

Meus conselhos ao Jaime

- Analise a hipótese de trabalhar como corretor autônomo ou montar uma pequena imobiliária.

- Aproveite sua fama de negociador competitivo para oferecer seus serviços a construtoras com produtos compatíveis com sua expertise.
- Capriche nas mídias sociais. Construa um bom site que resuma toda sua experiência, inclusive com depoimentos de clientes satisfeitos, e atualize semanalmente seus feitos.
- Faça treinamentos para atualizar e aperfeiçoar seus conhecimentos técnicos e relacionais.
- Aprenda a aproveitar melhor seu estilo competitivo, ou seja, continue buscando ótimos resultados, mas cuide para não "atropelar" seus interlocutores mais indecisos.

Estilo cooperante. São pessoas que pensam mais nos outros do que em si mesmas e evitam qualquer situação de disputa por receio de serem malvistas. São aqueles colegas ou vizinhos sempre dispostos a colaborar; que aceitam trabalhos fora do expediente, sem remuneração, pois têm vergonha de dizer não. Muitas vezes acabam sendo preteridos em aumentos de salário por serem "compreensivos" com relação às prioridades da empresa. Costumam ser adorados pelos amigos, pois em geral ajudam e raramente pedem algo em troca.

Muitas vezes são vistas como pessoas bem-intencionadas, mas ingênuas. Nas negociações, costumam demonstrar dois problemas: cedem com muita facilidade e depois se arrependem ou evitam dar uma resposta direta, demonstrando indecisão e falta de foco.

Pessoas em que predomina esse estilo costumam apresentar as seguintes características:

- São gentis.
- Têm dificuldade em dizer não.
- Não pedem descontos com facilidade.
- Evitam competir.
- São cooperantes.
- Procuram colaborar com os outros.
- Fazem muitas concessões.
- Compreendem as necessidades alheias.
- Gostam de agradar.
- São flexíveis.

▲ Pontos fortes	▼ Pontos fracos
Ajudam as pessoas.	Podem ter fama de submissas.
São benquistas.	Podem não defender seus interesses.
São amáveis.	Podem ser indecisas.
São conciliadoras.	Podem exagerar nas concessões.

Caso – "A apaziguadora"

Marisa se casou aos 18 anos e hoje, aos 35, tem três filhos entre 17 e 12 anos. Sempre foi ótima mãe, é querida por toda a vizinhança e faz trabalhos voluntários na igreja do bairro. Ela sempre foi tranquila, e se dá bem com o marido porque quase sempre fez concessões: cuida dos afazeres domésticos em tempo integral e tem uma vida social restrita, entre outras situações. Nunca trabalhou fora por não querer conflitos com o marido, que sempre preferiu que ela se dedicasse apenas aos filhos pequenos.

Depois de muito insistir, começou a faculdade de Contabilidade e está no último ano. O filho mais velho já trabalha, os menores conseguem se virar sozinhos e o marido continua pressionando para que ela não trabalhe, pois não haveria necessidade financeira.

Agora está preparando uma estratégia para convencer o marido de que trabalhar será importante para o bem-estar dela e, consequentemente, da família. Como tem um estilo muito cooperante, Marisa está sofrendo bastante com a decisão, mas está disposta a ir até o fim e gostaria de trabalhar meio período ou prestando serviços por empreitada.

Meus conselhos à Marisa

- Comece a fazer trabalhos em casa, para ir ganhando experiência, antes de buscar um emprego formal.
- Negocie horários preestabelecidos com sua família para poder se concentrar no trabalho, sem interrupções.
- Abra seu MEI (registro de microempreendedor individual) e, ao obtê-lo, comece a formalizar sua atuação profissional.
- Ajuste um valor mais baixo no início e entregue um trabalho excelente. Isso certamente ajudará nas indicações para novos clientes.
- Demonstre ao seu marido o lado bom da renda extra e, à medida que ajustarem a dinâmica familiar, aumente sua carga de trabalho. Porém, não se esqueça de defender seus interesses e seus desejos.

Estilo impaciente. Caracteriza aquelas pessoas sempre apressadas e ansiosas, que fazem muitas coisas ao mesmo tempo. Elas acabam sempre acumulando muitos projetos simultâneos e, por isso, falta tempo para se aprofundarem.

Podem perder o foco por excesso de atividades; costumam ser ágeis para realizar tarefas, mas é raro acompanharem em detalhes o resultado de suas ações; são fisicamente agitadas; evitam relacionar-se com pessoas de ritmo lento; são ansiosas e têm dificuldade de separar vida profissional e pessoal.

Os impacientes são reconhecidos como negociadores práticos, mas que se entediam facilmente e são precipitados. Seu maior problema costuma ser tomar decisões baseadas nas opções de curto prazo.

Pessoas em que predomina esse estilo costumam apresentar as seguintes características:

- Irritam-se quando têm de esperar.
- São ansiosas.
- Têm senso de urgência.
- Exigem pontualidade.
- Fazem muitas tarefas ao mesmo tempo.
- São agitadas.
- Incomodam-se com pessoas de ritmo lento.
- Pulam etapas.
- Têm pouca paciência para negociar.
- Simplificam as coisas.

OS ESTILOS ESTRUTURAIS DO NEGOCIADOR

▲ Pontos fortes	▼ Pontos fracos
São rápidas.	Podem ser más ouvintes.
São práticas.	Podem decidir sem pensar.
Não perdem tempo.	Podem ser impulsivas.
Energizam o ambiente.	Podem ser precipitadas.

Caso – "O aluno ansioso"

Sílvio tem 18 anos, e já começou e desistiu de três cursos universitários diferentes; de acordo com ele, pelos seguintes motivos: ritmo muito lento nas aulas; matérias excessivamente teóricas; professores desmotivados; estágios que não aproveitam sua real potencialidade; falta de aplicabilidade dos conteúdos. Seus pais podem bancar os melhores cursos e, por isso mesmo, ele se sente ainda mais pressionado por não conseguir se encontrar.

Sílvio adora tecnologia e tem prestado serviços para amigos sem cobrar nada, achando que precisa ter mais fundamentação teórica antes de trabalhar para valer. Ele tem conversado com vários orientadores de carreira e, em todos os casos, foi alertado para o fato de que não há "curso perfeito": é normal enfrentar os problemas e desafios que ele descreveu anteriormente. Mas ele se sente frustrado e tem inúmeros questionamentos. "Será que não existe um curso dinâmico e desafiador para alguém como eu?". "Estarei sendo muito exigente?" "Como conciliar meu senso de urgência com o ritmo lento da maioria dos professores?" "Também penso em desistir de estudar, mas meus pais são contra, e eu ainda não consigo bancar minhas despesas. Como posso convencê-los?"

> **Meus conselhos ao Sílvio**
>
> - Entenda que, por mais brilhante que seja, terá que ganhar mais experiência para saber escolher melhor o que deseja estudar.
> - Procure trabalhar em pequenas empresas de tecnologia que valorizam o trabalho de tentativa e erro e que remunerem por resultados.
> - Negocie com professores ou instrutores uma permuta: eles ensinam a parte prática e você atua como monitor de outros alunos, com mais liberdade e acesso aos laboratórios em tempo integral.
> - Combine com seus pais que você gostaria de conhecer melhor o mercado de trabalho em sua área antes de cursar uma universidade.
> - Tenha um pouco mais de paciência e persistência, pois é preciso tempo para conquistar a autoconfiança e o autoconhecimento necessários para tomar uma boa decisão e sustentá-la.

Estilo perfeccionista. Os perfeccionistas dão mais valor à lógica e aos detalhes do que à rapidez ou aos sentimentos. Procuram tomar decisões baseadas em dados precisos e detalhados.

Muitas vezes, são vistos como organizados, porém frios. Costumam seguir estritamente as regras, mas podem travar o sistema, pois analisam tudo com rigor excessivo. Como preferem responder apenas quando têm certeza, tendem a deixar as pessoas esperando por um tempo desnecessário.

São detalhistas e, por isso, apresentam alto grau de precisão nos trabalhos ou projetos que executam; estudam manuais ou propostas nos mínimos detalhes e, com frequência, percebem falhas, omissões e incoerências.

São considerados negociadores bem preparados, mas difíceis de convencer em função do alto nível de exigência com os pormenores.

Pessoas com esse estilo predominante costumam apresentar as seguintes características:

- São detalhistas.
- Gostam de seguir regras.
- Têm pensamento crítico.
- São reservadas.
- São pouco flexíveis.
- Preferem ouvir a falar.
- Demoram para decidir.
- Estudam antes de negociar.
- São formais.
- São desconfiadas.

▲ Pontos fortes	▼ Pontos fracos
São concentradas.	Podem parecer frias.
Produzem com qualidade.	Podem ser lentas.
São cuidadosas.	Podem travar o sistema.
São precisas.	Podem ser inflexíveis.

Caso – "A superorganizada"

Carla é solteira, graduada em Ciências Contábeis, trabalha há oito anos na mesma empresa e mora com os pais.

Extremamente organizada, é comprometida com tudo o que faz, mas acaba sendo muito rígida e exigente. Por ser econômica, deu uma entrada em um pequeno apartamento, que está mobiliando aos poucos para que fique perfeito antes de se mudar.

Trabalha no departamento financeiro de uma empresa familiar de médio porte e é elogiada pelo proprietário por sua capacidade técnica. Porém, recebe críticas por sua falta de flexibilidade, pois muitas vezes demora a terminar relatórios ou rever contratos, uma vez que se apega a detalhes insignificantes.

Mesmo sendo uma negociadora respeitada e confiável, já perdeu uma promoção, porque é vista como muito centralizadora, com dificuldade para delegar tarefas e trabalhar em equipe. Também entra em conflitos por não tolerar falhas, inclusive em amigos e no namorado. Começou a fazer sessões de análise com uma psicóloga para se conhecer melhor, conseguir aproveitar seus talentos e atenuar sua necessidade de controlar tudo.

Meus conselhos à Carla

- Relaxe um pouco mais! Reserve um tempo para se divertir e usufruir os resultados que sua grande dedicação proporciona.
- Comece a delegar algumas tarefas. Provavelmente as pessoas não as farão exatamente como você faria, mas com o tempo aprenderão, e isso diminuirá sua sobrecarga.
- Perdoe-se quando cometer pequenos erros. Faz parte!
- Negocie prazos um pouco maiores com seus superiores para ter tempo de revisar os trabalhos e ficar mais tranquila.

- Treine pessoas que possam assumir algumas de suas funções menos estratégicas. Quem é insubstituível costuma ser também "impromovível".

***

Estilo sedutor. Pessoas com esse estilo dão mais valor ao relacionamento do que à lógica ou aos resultados. Costumam ser calorosas, priorizando suas intuições em detrimento das informações.

Muitas vezes são vistas como extrovertidas, mas desorganizadas, e abusam do improviso. A preparação costuma ser seu ponto mais vulnerável nas negociações, uma vez que confiam em sua capacidade de persuasão. Conhecem muita gente e acabam usando a rede de relacionamento como referência para seus negócios.

Costumam ser extremamente flexíveis, e é comum fazerem muitos acordos na base da troca de serviços ou permutas. Como se relacionam bem, usam ambientes sociais – festas, jantares, casamentos e aniversários – para conseguir novos negócios ou vender ideias e projetos.

Pessoas com predomínio desse estilo costumam apresentar as seguintes características:

- São sedutoras.
- Mantêm bons relacionamentos.
- Negociam com base na emoção.
- Tem ótima *network*.
- Fazem muitas permutas.
- Têm jogo de cintura.

- São extrovertidas.
- São pouco detalhistas.
- São criativas.
- São afetivas.

▲ Pontos fortes	▼ Pontos fracos
São boas relações-públicas.	Podem parecer superficiais.
Convencem com facilidade.	Podem ser muito políticas.
São otimistas.	Podem falar da boca para fora.
São empáticas.	Podem ser manipuladoras.

Caso – "O jeitoso"

Roberto tem 40 anos e é uma figura e tanto. Um autodidata que aprendeu tudo o que sabe lendo e observando, sequer terminou o ensino médio. Já está no quarto casamento.

Atua há muitos anos como organizador de grandes eventos, como festas de famosos, casamentos sofisticados, shows com estrelas e congressos corporativos. Bem-relacionado, conhece muita gente influente. Já produziu eventos bastante lucrativos e também alguns que deram prejuízo.

Convincente, é ótimo relações-públicas; costuma negociar na base do improviso e é muito flexível; raramente faz contratos detalhados: acerta muitas coisas "de boca" e depois não se lembra dos detalhes.

Tem deixado alguns clientes insatisfeitos por prometer e eventualmente não conseguir cumprir. Também está com problemas familiares, pois tem três filhos com as ex-esposas: ao mesmo tempo em que cobram mais atenção, geram despesas que ele não está conseguindo cobrir.

Roberto está percebendo que o excesso de flexibilidade está causando problemas em várias áreas de sua vida.

Meus conselhos ao Roberto

- Seja um pouco mais organizado. Depender apenas da memória e do improviso é perigoso em médio a longo prazo.
- Contrate uma pessoa para administrar suas finanças. Misturar contas pessoais com despesas profissionais costuma gerar maus resultados, mesmo para quem tem boa remuneração.
- Procure fazer eventos menores e mais rentáveis para recuperar sua credibilidade no mercado.
- Use todo seu carisma e jogo de cintura para formar parcerias com profissionais de alta performance. Procure fazer alguns eventos em sociedade, ou seja, em um grupo que faz toda a produção e divide os lucros.
- Negocie uma diminuição de despesas com seus familiares, até que as coisas voltem ao normal.

A importância de identificar os estilos de negociação

Conforme visto, os cinco estilos têm pontos positivos e negativos que, uma vez conhecidos, podem ser mais bem administrados. Isso significa concentrar-se mais na parte construtiva e atenuar os comportamentos que podem comprometer suas negociações.

Na prática, os bons negociadores aprendem a usar as características mais positivas de cada estilo:

- O foco em resultados do competitivo.
- A preocupação com o outro do cooperante.
- O senso de urgência do impaciente.
- A organização do perfeccionista.
- A capacidade de convencimento do sedutor.

Não é fácil, mas é possível incorporar o melhor de cada estilo sem deixar de ser coerente com os próprios valores. Nos próximos capítulos, voltaremos a debater os diferentes estilos, aprendendo a lidar melhor com cada um deles.

A seguir, você poderá fazer o teste para identificar a intensidade de cada um dos estilos em sua personalidade, uma vez que, para ser um bom negociador, precisará se conhecer muito bem. Você também poderá fazer o teste no site negociequalquercoisa.com/testes-real/.

Teste para analisar seu estilo como negociador

Sugiro que o teste a seguir seja preenchido com base naquilo que você efetivamente é no dia a dia de suas negociações, e não no que gostaria de ser. Seja sincero e marque as respostas que mais têm relação com seu jeito de ser.

EXEMPLO DE PREENCHIMENTO DO TESTE

	Quase sempre	Muitas vezes	Poucas vezes	Quase nunca
1. Evito mostrar minhas emoções.	X			
2. Falo o que penso, mesmo que desagrade as pessoas.	X			
3. Detesto voltar atrás.		X		
4. Peço descontos.			X	
5. Sou um negociador duro.		X		
6. Sou competitivo.		X		
7. Pressiono as pessoas.	X			
8. Odeio perder.		X		
9. Sou exigente.		X		
10. Evito fazer concessões.			X	
SUBTOTAL	3 × 3 = 9	2 × 5 = 10	1 × 2 = 2	0 × 0 = 0
TOTAL *(Soma dos resultados)*	21			

TESTE 1 – ESTILO COMPETITIVO

	Quase sempre	Muitas vezes	Poucas vezes	Quase nunca
1. Evito mostrar minhas emoções.				
2. Falo o que penso, mesmo que desagrade as pessoas.				
3. Detesto voltar atrás.				
4. Peço descontos.				
5. Sou um negociador duro.				
6. Sou competitivo.				
7. Pressiono as pessoas.				
8. Odeio perder.				
9. Sou exigente.				
10. Evito fazer concessões.				
SUBTOTAL	3 × ___	2 × ___	1 × ___	0 × ___
TOTAL *(Soma dos resultados)*				

TESTE 2 – ESTILO COOPERANTE

	Quase sempre	Muitas vezes	Poucas vezes	Quase nunca
1. Sinto-me responsável por fazer os outros se sentirem bem.				
2. Custa-me dizer não.				
3. Tenho vergonha de pedir descontos.				
4. Prefiro ceder para evitar discussões.				
5. Quando não gosto de algo, prefiro ficar calado.				
6. Espero que as pessoas percebam o que preciso sem ter de pedir.				
7. Evito negociar com pessoas agressivas.				
8. Sou prestativo.				
9. Sou conciliador.				
10. Evito conflitos.				
SUBTOTAL	3 × ___	2 × ___	1 × ___	0 × ___
TOTAL *(Soma dos resultados)*				

TESTE 3 – ESTILO IMPACIENTE

	Quase sempre	Muitas vezes	Poucas vezes	Quase nunca
1. Necessito fazer as coisas o mais rápido possível e terminar de uma vez.				
2. Falo tão rápido que as pessoas sentem dificuldade em me entender.				
3. Sou impaciente.				
4. Apresso os outros.				
5. Enquanto estou fazendo algo, já penso na próxima tarefa.				
6. Evito lidar com pessoas lentas.				
7. Faço as tarefas dos outros por não conseguir esperar que terminem.				
8. Não tenho paciência para longas negociações.				
9. Interrompo as pessoas para completar o que dizem.				
10. Quando pergunto algo, quero uma resposta imediata.				
SUBTOTAL	3 × ___	2 × ___	1 × ___	0 × ___
TOTAL *(Soma dos resultados)*				

TESTE 4 – ESTILO PERFECCIONISTA

	Quase sempre	Muitas vezes	Poucas vezes	Quase nunca
1. Cada vez que faço algo, exijo a maior perfeição.				
2. Custa-me fazer as coisas de um modo simples.				
3. Antes de negociar, estudo minuciosamente o assunto.				
4. Mesmo que faça algo bom, penso que deveria ter feito melhor.				
5. Sou organizado.				
6. Sou formal.				
7. Não tolero erros.				
8. Gosto de acordos detalhados.				
9. Às vezes travo os processos por ser muito detalhista.				
10. Quando compro algo, me preocupo em saber os detalhes do produto.				
SUBTOTAL	3 x ___	2 x ___	1 x ___	0 x ___
TOTAL *(Soma dos resultados)*				

TESTE 5 – ESTILO SEDUTOR

	Quase sempre	Muitas vezes	Poucas vezes	Quase nunca
1. Sou persuasivo.				
2. Sou popular.				
3. Sou criativo.				
4. Sou otimista.				
5. Gosto de negociar como se fosse um amigo.				
6. Falo bastante.				
7. Sou flexível.				
8. Sou pouco detalhista.				
9. Percebo o que as pessoas querem.				
10. Convenço as pessoas.				
SUBTOTAL	3 × ___	2 × ___	1 × ___	0 × ___
TOTAL *(Soma dos resultados)*				

Análise dos resultados:

- **0-5 pontos** – Baixíssima intensidade nesse estilo.
- **6-10 pontos** – Baixa intensidade nesse estilo.
- **11-19 pontos** – Média intensidade nesse estilo.
- **20-25 pontos** – Alta intensidade nesse estilo.
- **26-30 pontos** – Altíssima intensidade nesse estilo.

Quanto mais baixa a pontuação, menor é a frequência com que você demonstra o estilo analisado. E, quanto mais alta, mais fortemente ele predomina.

Teste 1 (p. 44) – Competitivo_____
Teste 2 (p. 45) – Cooperante_____
Teste 3 (p. 46) – Impaciente_____
Teste 4 (p. 47) – Perfeccionista_____
Teste 5 (p. 48) – Sedutor_____

Capítulo 3

Os tipos de negociação

"Não são nossos talentos que mostram aquilo que realmente somos, mas sim nossas escolhas."

J. K. Rowling

Como vimos, as pessoas têm estilos de agir relativamente estáveis e tendem a atuar de acordo com esses padrões em quaisquer circunstâncias – o que é um erro, pois diferentes situações exigem estratégias específicas.

Quando alguém negocia sempre do mesmo modo, torna-se previsível, podendo ser manipulado ou ter sua estratégia anulada pelos outros. É claro que precisamos ser coerentes para ter credibilidade, porém é fundamental nos adaptarmos às quatro diferentes modalidades de negociação que veremos a seguir.

A principal questão em qualquer bom acordo – vou repetir bastante este conceito durante todo o livro – é que **negociação é uma troca!** Portanto, para obter qualquer coisa, você precisará oferecer algo que interesse à outra parte. Quanto mais atraente for sua oferta, mais fácil será alcançar seus objetivos. Por isso, sempre se pergunte antes de começar qualquer análise: **"O que tenho para oferecer interessa a outra parte?"**.

G. Richard Shell, diretor do Programa de Negociação da Wharton School, afirma que, em qualquer negociação, devemos levar em conta a importância de dois grandes parâmetros: o **resultado** a ser obtido e o **relacionamento** que eu desejo (ou não) manter com as pessoas com as quais negocio.

Shell traça uma matriz de quatro situações, que adaptei para o português com as seguintes denominações: **acidental, cooperativa, equilibrada** e **utilitária**.

Vejamos no gráfico a seguir.

	Baixo	Alto
Alto (Resultado)	Utilitária	Equilibrada
Baixo (Resultado)	Acidental	Cooperativa

Relacionamento

Negociação acidental (baixa no relacionamento – baixa no resultado)

Trata-se daquela negociação em que o resultado não é importante, pois a situação é irrelevante ou banal. O relacionamento também importa pouco, porque em tais casos você provavelmente não se encontrará mais com a pessoa. Por exemplo:

- Você percebe uma pessoa com alguma dificuldade de locomoção na fila do banco. Ela não se enquadra nas prioridades de atendimento definidas por leis, mas ainda assim você cogita ceder seu lugar.
- Um casal com um filho pequeno, duas fileiras atrás no avião, solicita trocar de lugar com você para que os três possam viajar juntos. A comissária de bordo faz o pedido, mas deixa a seu critério decidir.
- Um motorista dá sinal de luz pedindo passagem em um cruzamento movimentado. Você percebe e tem alguns segundos para decidir se o deixa passar ou não.
- Uma pessoa de outra cidade entra em seu estabelecimento comercial e pede para usar seu telefone fixo, pois teve o celular furtado e gostaria de bloquear a linha.

Nos quatro casos descritos, o mais provável é que você nunca mais veja essas pessoas (baixa importância do relacionamento) e, ao colaborar, perderá, no máximo, alguns minutos ou abrirá mão de certo conforto (o resultado também tem baixa relevância, na prática).

Aqui também entram outras situações cotidianas que costumamos decidir em segundos, quase como respostas automáticas, quando cedemos algo ou ignoramos a pessoa que solicita o favor. Essas decisões dependem bastante da sua personalidade e do seu estado de espírito no momento da ocorrência. Se seu estilo for o competitivo ou acelerado, se estiver atrasado ou muito estressado, tenderá a ceder menos. Se seu estilo for o cooperante, estiver relaxado ou ficar com pena, tenderá a ceder com mais frequência.

Negociação cooperativa (alta no relacionamento – baixa no resultado)

É aquela negociação em que estreitar o relacionamento com seu interlocutor é mais importante do que obter um bom resultado no curto prazo. A vantagem de ceder agora, pensando em manter uma boa relação (e gerar uma dívida emocional), poderá ser muito útil e trazer créditos para uma futura negociação, cujos resultados sejam importantes para você. Por exemplo:

- Vocês estão no shopping e seu companheiro faz o convite para ir ao cinema assistir a um filme de ação, gênero do qual não é fã. Como ele está muito empolgado, você aceita – mas combina que, na próxima ida ao cinema, a escolha será sua.
- Um colega de trabalho pede que o ajude a preparar um relatório chatíssimo, que demandará pelo menos duas horas do seu tempo. Você pensa um pouco e aceita – afinal, ele é uma pessoa correta e, no futuro,

também poderá ajudá-lo em áreas da expertise dele que você não domina.
- ◆ Seu sócio pede que você participe, apenas como ouvinte, de uma reunião com um cliente desagradável. Mesmo não sendo sua área de domínio, você aceita participar para não deixá-lo sozinho com o sujeito. Certamente ele retribuirá seu favor quando solicitado.
- ◆ Um potencial cliente pede um superdesconto na primeira compra para conhecer melhor seu produto ou serviço. Você precisará analisar se vale a pena dar o desconto agora para que ele faça um teste e, no futuro, se torne um cliente fidelizado e pague o preço normal.

Ou seja, nas quatro situações, você investe no relacionamento de médio a longo prazo em detrimento do resultado de curto prazo.

Normalmente, os negociadores com perfil cooperativo e sedutor tendem a priorizar esse tipo de estratégia com mais frequência que os demais estilos.

Negociação equilibrada (alto no relacionamento – alto no resultado)

É aquela negociação em que manter um bom relacionamento no médio a longo prazo é tão importante quanto obter um bom resultado imediato. Na prática, são as negociações mais importantes, delicadas e trabalhosas, nas quais você precisará se preparar com mais afinco e ter mais jogo de cintura, tendo em vista que costuma ser mais difícil alcançar o resultado ideal e ainda satisfazer a outra parte. Grande parcela das situações e técnicas apresentadas neste livro tem a ver com negociações equilibradas, também conhecidas como jogos do "ganha/ganha". Por exemplo:

- O chefe de uma executiva pede que ela participe de um novo projeto. Porém, como a equipe é reduzida, ela terá de trabalhar nos próximos três ou quatro fins de semana. Ela não é obrigada a aceitar, mas sabe que o gestor ficaria decepcionado com uma recusa. Essa executiva precisaria sacrificar compromissos familiares, mas percebe uma oportunidade de ganho: solicita um treinamento especial relacionado ao projeto – portanto, auxiliando em sua melhor execução. Com essa atitude, mantém o relacionamento em alta junto ao chefe e recebe algo que gerará bons resultados tanto para sua carreira quanto para a empresa.
- Uma criança de 10 anos estuda à tarde e é ótima aluna. Entretanto, tem o hábito de dormir e acordar tarde, o que tumultua os programas da família. A mãe sabe que ameaças, reprimendas e discussões nada adiantam. Ela não quer impor castigos, pois sente-se mal, mas também não quer oferecer prêmios em troca de novos hábitos – sabe que, logo depois de ganhar o presente, a criança retoma os horários inadequados. Ela conversou com o marido e chegaram à seguinte estratégia de negociação: o sonho da criança é fazer no final do ano uma excursão de três dias com os coleguinhas, organizada pela escola com toda segurança. A proposta foi: para cada dia que ela dormir antes das 22h e acordar antes das 9h – com uma hora de flexibilidade nos fins de semana –, ganhará um ponto.

Quando conquistar duzentos pontos, a viagem estará garantida. Faltam duzentos e cinquenta dias para o passeio, e a criança terá de se esforçar bastante para cumprir o combinado. Se der certo, aprenderá aos poucos a nova rotina, e os pais poderão no ano seguinte fazer a matrícula para ela estudar no período da manhã, o que será mais produtivo para todos.

- Um consultor no início de sua carreira foi procurado pelo proprietário de uma pequena e promissora empresa, que lhe propôs um projeto de seis meses: coordenar a contratação e o treinamento de uma equipe comercial para vender uma nova linha de produtos especiais recém-importados. Se desse certo, isso aumentaria muito o faturamento da companhia. Como era uma empresa de pequeno porte e ele estava no início, o proprietário ofereceu um valor 30% abaixo de sua proposta inicial, alegando que era um projeto de alto risco. O consultor analisou o projeto em detalhes, e concluiu que a demanda era desafiadora, mas poderia ser viável se ele tivesse mais tempo para trabalhar. Então fez a seguinte contraproposta: aceitaria o valor oferecido, porém para um contrato mais longo (um ano) e uma pequena porcentagem no eventual lucro, de modo que, se tudo desse certo, ganharia mais que em sua proposta convencional. Seria um bom negócio para o profissional, que tinha tempo disponível, e para o empresário, que diluiria seus riscos. O jovem consultor colocou a "mão na massa" como se o negócio fosse dele: estudou os detalhes de funcionamento dos produtos, visitou várias universidades para buscar indicações sobre recém-formados talentosos, entrevistou centenas de candidatos, treinou os contratados e acompanhou pessoalmente o desempenho de cada um, fazendo os ajustes necessários. No final do período de um ano, adquiriu uma experiência prática que em condições normais, demoraria anos. O resumo é que o projeto deu certo, o lucro do empresário ficou acima das expectativas mais otimistas e o consultor ganhou o triplo do valor proposto inicialmente por ele. Os resultados foram tão bons que eles mantiveram a parceria por mais de dez anos, até a empresa ser adquirida por uma multinacional.

- Em 2009, eu já tinha quase vinte anos de experiência profissional prestando consultorias em empresas de diferentes segmentos. Esses trabalhos visavam sobretudo a contratar e formar equipes de alta performance e depois treiná-las, principalmente em gestão de pessoas e negociação. Muitas vezes, eu também era contratado para redesenhar as estratégias comerciais da companhia. Eu dava muitos treinamentos (que variavam de oito a setenta e duas horas), mas pouquíssimas palestras: achava que uma hora seria pouco tempo para passar conteúdos relevantes e, como não tinha material publicado (fora apostilas) para entregar como bibliografia, relutava em aceitar convites para exposições com menos de quatro horas de duração. Para preencher essa lacuna profissional e ampliar minhas atividades, aos 45 anos, resolvi escrever um livro chamado *Por que a gente é do jeito que a gente é?*. Para resumir, essa obra é a visão de um engenheiro sobre como usar a neurociência comportamental para fazer uma melhor autogestão e evoluir na vida pessoal e profissional. Fiz vinte bonecos (montagem encadernada) em formato de livro com cerca de duzentas páginas para presentear clientes e parceiros de trabalho, a fim de divulgar meu trabalho. A repercussão foi excelente, e três desses clientes pediram que eu fizesse uma palestra sobre o assunto em convenções que eles fariam nos próximos meses. Percebi uma grande oportunidade para fazer uma "negociação equilibrada" e fiz a seguinte proposta: eu não cobraria pelas palestras, mas cada cliente presentearia todos os participantes da convenção com meu livro e, no final, eu daria autógrafos aos interessados. Resolvi imprimir 10 mil livros por conta própria – e só depois descobri que livros de negócios lançados por editoras de médio porte saíam com tiragem de 3 mil exemplares e pouquíssimos obtinham uma segunda edição. Se algo desse errado, eu tomaria um belo prejuízo. Felizmente, os três clientes compraram cerca de 7 mil livros para suas convenções e, como a repercussão foi excelente, em menos de dois meses, meu estoque esgotou. A maior surpresa é que recebi propostas de três editoras para publicar o livro no circuito comercial – e ele agora já está na 13ª reedição. Com isso, minha carreira mudou radicalmente: nos últimos dez anos dei mais de mil entrevistas na mídia nacional (você pode acessar esse material em *eduardoferraz.com.br*) e escrevi outros quatro livros que também viraram best-sellers e ficaram mais de cem semanas nas listas de mais vendidos. A grande sacada foi fazer uma negociação ganha/ganha com aqueles três primeiros clientes que gostaram do material. Daí para frente o boca a boca encarregou-se de espalhar minha mensagem.

Negociação utilitária (baixa no relacionamento – alta no resultado)

É aquela negociação em que não há relevância ou interesse em manter um relacionamento de longo prazo, mas é uma boa oportunidade de obter um ótimo resultado imediato. Ou seja, ocorre quando o contexto é muito mais favorável a você que a seu interlocutor. Por exemplo:

- Fulano acaba de herdar um raríssimo carro de colecionador em estado impecável e funcionando perfeitamente. Colecionar carros não é seu *hobby*, e ele não tem a menor pretensão de mantê-lo. Fez então um anúncio nas mídias sociais e ficou surpreso com a grande quantidade de interessados dispostos a fazer a compra à vista. Em sua cidade, havia uma feira de carros antigos nos fins de semana, então, antes de fechar o negócio, marcou com dez interessados que queriam conhecer sua relíquia. Em tal situação, a opção mais lógica será fazer um leilão e obter o maior valor possível, já que ele não conhece nenhum dos interessados e não quer manter um relacionamento futuro com eles. Quem pagar mais, leva!
- Com o desaquecimento do mercado imobiliário, têm aparecido dezenas de imóveis baratos, inclusive no bairro em que Fulana gostaria de morar. Ela acaba de ser sorteada com uma carta de crédito em um consórcio de imóveis e está com dinheiro disponível para comprar à vista o apartamento dos sonhos.

Como é casada e não tem filhos, não tem pressa e pode inclusive escolher imóveis novos, pois muitas construtoras estão com estoque alto, cobrando um valor muito abaixo do valor normal de mercado. O bom senso aponta que procure o imóvel com muita calma e, quando encontrar o que realmente interessa, faça uma proposta 30% ou 40% abaixo do valor de mercado e negocie aos poucos. Quando a oferta é grande, os descontos costumam ser espetaculares para quem pode pagar à vista, sem a necessidade de manter um relacionamento de amizade ou parceria com o vendedor.

- O avião está lotado e o comissário de bordo avisa que houve *overbooking*, ou seja, a empresa aérea vendeu mais passagens do que lugares. O estudante em férias já está sentado, mas há dez pessoas em pé que também compraram a passagem e querem viajar. O clima está tenso e as pessoas estão muito irritadas com a situação. O comissário oferece um próximo voo dali a três horas e uma outra viagem grátis para quem aceitar ceder o lugar. Cinco pessoas aceitam e descem do avião. Como ainda faltam cinco lugares para atender, ele aumenta a oferta para duas viagens grátis, depois três, até chegar a quatro trechos grátis. Como o estudante não tem pressa, aceita a oportunidade, e sai do avião já planejando como usufruir do presente inesperado.
- Em 2014, no Rio de Janeiro, Jader, o novo dono de um antigo hotel muito bem localizado – mas que precisava ser totalmente reformado –, quer aproveitar para ter alto lucro com as Olimpíadas, a serem realizadas

dali a dois anos. A cidade não tinha estrutura hoteleira suficiente para atender grande parte dos visitantes, e sua estratégia seria fazer a reforma, cobrar valores mais altos durante o evento (para pagar o investimento relativo às reformas) e, terminada as Olimpíadas, ficaria com um hotel reformado com grandes chances de continuar lucrativo. Ele fez cerca de vinte cotações com diversas empresas para a reforma do hotel e optou pela de menor valor. O fato é que seis meses antes do grande evento (e com todas as diárias já vendidas), faltava mais de 80% para a obra ser concluída, pois o prestador de serviço não tinha estrutura física nem de pessoal suficiente para entregar no prazo. O grande problema é que o hotel parecia um campo de guerra, com toda estrutura antiga já retirada. Jader, desesperado, começou a refazer novas cotações. Naquele momento, praticamente nenhuma empresa com boa reputação tinha disponibilidade para terminar a obra. O empresário começou a recorrer a empresas de outras cidades e até outros estados, mas não obtinha uma proposta segura. Finalmente chegou até Dilson, o proprietário de uma pequena construtora em um estado vizinho e com reputação impecável, que fez a seguinte proposta: ele cobraria o dobro do valor normal de mercado, sendo 50% à vista e 10% a cada mês, entregando a obra pronta dez dias antes do início do evento. Ele justificou o alto valor alegando que teria que diminuir o ritmo das demandas em seu estado e que levaria uma equipe de sua estrita confiança, que ficaria morando no Rio de Janeiro até concluir a obra. Era pegar ou largar, e ele não deu margem para contraproposta. Jader, que estava sob grande pressão, aceitou o trato (que custaria o triplo do orçamento feito dois anos antes), pois sabia que fora negligente quando ainda havia tempo disponível, e calculou que seria melhor pagar bem mais caro para não ter um prejuízo muito maior durante o evento. Dilson aproveitou, honestamente, uma excelente oportunidade de negócio, ganhou o dobro do que seria o normal e cumpriu rigorosamente o cronograma da obra.

Em todos esses exemplos, os instintos tenderam a falar mais alto, e se a pessoa não estudar as opções, decidirá com base em seu estilo: competitivos cederão menos do que os cooperantes; os sedutores tendem a levar a conversa para o lado pessoal e criar certa intimidade com seu interlocutor antes de agir; os impacientes tendem a tomar decisões rapidamente, por impulso; e os perfeccionistas provavelmente analisarão todos os detalhes da situação com calma antes de começar a negociar.

Aqui, em geral, surgem alguns problemas.

Os competitivos tenderão a pressionar em qualquer circunstância, sem levar em conta que poderão pôr em risco o relacionamento com muitas pessoas e dificultando futuras negociações.

Os cooperantes tenderão a sobrevalorizar as demandas do outro, cedendo desnecessariamente em muitas situações e prejudicando-se na obtenção de bons resultados.

Os impacientes podem perder ótimas oportunidades pela ansiedade de resolver logo situações que demandariam tempo para acontecer naturalmente. Isso ocorre porque muitas vezes sentem-se entediados ou apressados.

Os perfeccionistas correrão o risco de pensar demais, demorando a se decidir em situações simples, ou travarão acordos fáceis de ser obtidos por usar rigor exagerado.

Os sedutores, em geral, perderão muito tempo tentando criar vínculos emocionais com quem nunca mais verão, ou prejudicarão relacionamentos por prometer mais do que poderão cumprir.

Por isso, tão importante quanto conhecer seu estilo, será analisar qual modalidade de negociação – **acidental, cooperativa, equilibrada** ou **utilitária** – você tem pela frente, utilizando diferentes abordagens para cada uma delas.

Capítulo 4

Os motivadores pelos quais se negocia

"Quem define um problema já o resolveu pela metade."

JULIAN HUXLEY

Antes de fazer qualquer proposta, é preciso identificar o que realmente motiva você e o seu interlocutor. Convém ressaltar que as pessoas são muito mais persuadidas por suas crenças do que pela razão. Embora justifiquemos nossos atos pela lógica, quase sempre nossas decisões têm forte apelo emocional.

O psicólogo norte-americano, Abraham Maslow, escreveu, na década de 1950, uma brilhante análise sobre a dinâmica das motivações nos seres humanos. Sua teoria tem sido amplamente utilizada nas últimas décadas para explicar por que as pessoas tomam decisões muitas vezes difíceis de entender para quem observa de fora, variando desde a educação dos filhos até a administração das finanças pessoais, passando por planejamento da carreira e várias outras áreas. No fim dos anos 1980, comecei a fazer treinamentos aplicando parte dessa teoria para negociação e vendas, pois os princípios comportamentais são os mesmos.

Na realidade, significa que tomamos praticamente todas as nossas decisões, conscientes e inconscientes por seis principais motivações.

A partir da página 80, você poderá fazer um teste para identificar seus motivadores predominantes e os secundários. Você decide se vai preenchê-lo antes ou depois de ler o texto que vem a seguir.

Os seis motivadores envolvidos nas negociações

Ganhar dinheiro. O principal objetivo é ganhar dinheiro, ter lucro. Quem negocia por essa motivação aceita riscos e desafios, porque o ímpeto de ganhar é maior do que o medo de perder. Segurança, praticidade e status têm pouca importância para quem tem essa motivação predominante.

Situações comuns de quem negocia por essa motivação:

- Investir em negócios de risco, como bolsa de valores ou compra de imóveis depreciados para revenda.
- Ter alta tolerância à frustração ("Se acertar duas, posso errar uma").
- Sentir mais gana de ganhar do que receio de perder.
- Buscar melhor remuneração em detrimento do prazer, reconhecimento ou segurança.
- Preferir trabalhar por comissão ou empreitada em vez de um valor fixo.

Caso – "O pragmático"

No início dos anos 1980, Magim Rodriguez, diretor-geral da fabricante de chocolates Lacta, estava decepcionado com a baixa venda de ovos de chocolate de sua empresa para as Lojas Americanas, que tinha cinquenta e quatro estabelecimentos. Ele conhecia o presidente da rede, Beto Sicupira, e resolveu visitá-lo pessoalmente para vender os ovos de páscoa na rede. Magim ouviu de Sicupira uma resposta curta e grossa:

— Não tenho espaço em nenhuma loja.

Magim desafiou:

— Se eu encontrar algum lugar, você compra?

Sicupira emendou:

— Compro. Mas duvido que você ache algo que valha a pena.

Magim passou o dia em uma das lojas do Rio de Janeiro, e, de fato, não havia espaço físico disponível. O térreo estava lotado de material escolar, papelaria e utensílios para cozinha; o segundo andar estava repleto de roupas e material de beleza; o terceiro, completamente cheio de brinquedos.

Desanimado, olhou para cima, como que a clamar por uma inspiração, e ela veio: construir uma espécie de cabide de madeira no teto das lojas para pendurar os ovos por cordas coloridas. As Lojas Americanas ganhariam um enorme espaço extra e ele exporia os ovos para venda.

Magim sabia que o objetivo de Sicupira era ganhar o máximo de dinheiro, aproveitando cada centímetro das lojas, e então fez a proposta: faria toda a instalação dos cabides e penduraria os ovos. O risco seria mínimo, mas ambos poderiam obter um bom lucro se desse certo; caso contrário, retirariam os cabides facilmente sem prejudicar o *layout* das lojas.

Sicupira aceitou o risco. Os ovos foram pendurados em uma terça-feira e, no sábado de Aleluia, o estoque esgotou, com uma venda cinco vezes maior que a do ano anterior (de 40 para 200 toneladas de ovos). A partir de então, a estratégia virou padrão em todas as lojas do grupo, o que foi copiado mais tarde pela concorrência.

O negócio aconteceu – e foi um sucesso – porque Magim soube usar o principal motivador de Sicupira a favor de ambos.

Evitar perda. Medo real ou presumido de perder algo: produção, amizade, dinheiro, trabalho, relacionamento. A pessoa na qual essa motivação prevalece arrisca pouco, pois o medo de perder é maior do que a vontade de ganhar; prefere negócios, relacionamentos, empregos ou produtos "garantidos". Teme ser enganado, não receber o que foi combinado, não ter os prazos cumpridos ou ser passado para trás.

Situações comuns de quem negocia por essa motivação:

- Investir em modalidades de baixo risco, mesmo que a remuneração seja pequena.
- Ter mais medo de perder do que vontade de ganhar.
- Evitar trocar um emprego estável por outro com melhor remuneração, mas com algum risco.
- Preferir ser remunerado por salário fixo.
- Ser conservador nas tomadas de decisão.

Caso – "A conservadora"

Eliane trabalha na mesma empresa há doze anos, atualmente como supervisora na área de logística. É casada há oito anos, não tem filhos, é bastante previdente e faz o possível para poupar – no mínimo, 20% do salário mensal. Suas economias estão em uma caderneta de poupança porque não ficaria tranquila com outras aplicações, mesmo sabendo que apresentam um ganho bem maior. Evita fazer dívidas, comprando só o estritamente necessário, e à vista.

Eliane é uma negociadora bastante desconfiada e jamais troca o certo pelo duvidoso. Seus acordos priorizam muito mais segurança do que ao lucro, ao prazer, ao luxo ou à ostentação. Costuma demorar para tomar decisões, mesmo em negociações corriqueiras, e prefere perder uma boa oportunidade do que correr o risco de se precipitar e depois se arrepender.

Há dois anos, foi procurada pelo dono de uma empresa familiar com metade do faturamento da empresa em que trabalha. Ouviu a seguinte proposta: assumir a gerência de logística com autonomia para organizar o departamento; um salário fixo equivalente ao que ela ganhava, mas com um bônus anual com base nos aumentos de produtividade que poderiam dobrar seu ganho.

Ao analisar a empresa, percebeu que a desorganização era grande, e o dono, apesar de bem-intencionado, era excessivamente ambicioso, o que a deixava insegura. A proposta financeira era tentadora, os desafios eram enormes, e haveria a necessidade de trocar toda equipe para estruturar o departamento.

> Eliane ficou dividida, pois apesar da oferta agressiva, gostava da segurança que a empresa atual proporcionava, e resolveu abrir o jogo com o chefe, com quem sempre teve bom relacionamento.
>
> A conclusão foi que ela recebeu um pequeno aumento na empresa atual e acabou recusando a proposta. Ela continua sendo sondada por outras empresas, mas só mudaria de emprego se recebesse uma oferta que, além da melhor remuneração, contemple uma garantia de, no mínimo, três anos de estabilidade na nova oportunidade.

Evitar incômodo. Quando essa motivação é a mais intensa, a pessoa prefere evitar aborrecimentos, lentidão ou muita burocracia em seu dia a dia. Não gosta de ser incomodada e, quando possível, aceita pagar mais caro por isso. Quer as coisas simples, rápidas e, de preferência, sem ter de participar diretamente de todas as etapas. Muitas vezes, desiste ou interrompe negociações por achá-las desgastantes ou tediosas.

Situações comuns de quem negocia por essa motivação:

- Pagar mais caro para obter comodidade.
- Preferir negociar "pacotes completos".
- Gostar de produtos simples de usar.
- Dar mais valor a coisas práticas do que sofisticadas.
- Ter pouca tolerância para negociar.

Caso – "O supersincero"

Jarbas tem 55 anos, é casado e tem dois filhos adultos. Trabalha na área de planejamento estratégico e viaja pelo país prestando serviços em empresas de grande e médio porte. Tem como forte característica de personalidade a objetividade e a franqueza; evita trabalhar com pessoas inseguras ou muito indecisas. Entre estratégias simples ou complexas, decide sempre pelas mais simples e objetivas. Tem horror a burocracias ou processos decisórios que o façam perder tempo, e pode ficar anos com o mesmo celular, modelo de televisão ou carro por sentir-se confortável e não por economia.

Mesmo não sendo abastado, aceita pagar mais caro, desde que tenha um serviço ou um produto que lhe poupe aborrecimentos ou traga comodidade. Deixa o carro com manobristas, procura horários de voos menos lotados, escolhe hotéis perto de onde vai trabalhar e, nas férias, prefere períodos de baixa temporada para evitar aglomerações. Chega e vai embora mais cedo de restaurantes, festas ou eventos; prefere comprar produtos simples de usar.

Jarbas é um negociador prático e objetivo, e prefere prestar serviços a gestores francos e decididos para, segundo ele, "ganhar tempo e focar no que realmente gera resultados". Dá mais valor aos prestadores de serviço ou vendedores que tragam a proposta "mastigada", com poucos itens e informações fáceis de ser comprovadas.

Seus clientes admiram sua honestidade intelectual e rapidez de raciocínio, mas às vezes se surpreendem com seu excesso de franqueza. Jarbas prefere trabalhos em que tenha certeza de obter sucesso em prazos mais curtos, mesmo que a remuneração seja menor do que seria em casos mais complexos e, portanto, de médio e longo prazos.

Sentir prazer. Quando essa motivação é a mais forte, o indivíduo gosta de estudar previamente todos os detalhes do processo de compra ou venda. Tende a se entusiasmar com a preparação da negociação e sente especial prazer em debater à exaustão os tópicos que considera relevantes. É necessário dominar o assunto para conseguir negociar com alguém assim.

Situações comuns de quem negocia por essa motivação:

- Empolgar-se apenas com os assuntos que domina.
- Preferir negociar com especialistas no assunto.
- Gostar de estudar manuais com profundidade.
- Dar mais valor ao bem-estar do que à aparência.
- Procurar desafios intelectuais.

Caso – "O excêntrico"

Grigori Perelman nasceu em 1966, e é considerado um dos maiores gênios da Matemática de todos os tempos. Ele começou a ficar famoso em 2002, quando conseguiu resolver a famosa conjectura matemática de Poincaré, proposta em 1904 e considerada como um dos sete problemas mais difíceis do milênio. Perelman vive em condições muito humildes em São Petersburgo, na Rússia, e se recusa categoricamente a falar com a imprensa e a participar de quaisquer sessões públicas ou homenagens.

Em 22 de agosto de 2006, no Congresso Internacional de Matemáticos, recusou a Medalha Fields, prêmio conhecido como o Nobel da Matemática. Em 2010, recusou um prêmio de 1 milhão de dólares do Instituto de Matemática Clay, nos Estados Unidos. Foi convidado para trabalhar em universidades prestigiadas, incluindo Princeton e Stanford, mas rejeitou todos os convites e trabalha em uma minúscula sala no Instituto de Matemática Steklok.

Depois de centenas de recusas, ele resolveu dar uma rápida entrevista ao jornal russo *Komsomolskaya Pravda* e, quando perguntado por que recusou os prêmios e as homenagens, Perelman respondeu: "Não estou interessado no dinheiro nem na fama, uma vez que minhas pesquisas ocupam todo o meu tempo e me satisfazem plenamente".

Ele também disse não gostar de dar entrevistas, porque os jornalistas querem apenas saber detalhes de sua vida pessoal, o que seria totalmente irrelevante. Afirmou ainda que teria prazer em conversar sobre ciência e não a respeito de amenidades.

O jornalista que o entrevistou deu o seguinte depoimento: "Perelman me causou a impressão de ser uma pessoa absolutamente saudável e adequada. É também realista, pragmático e lúcido". Ou seja, é uma pessoa comum, apesar de não dar importância para o dinheiro, a fama e a convivência com estranhos.

Obter reconhecimento. O principal propósito de quem tem essa motivação como a mais intensa é o prestígio. É uma pessoa que se preocupa bastante com o que os outros dizem ou pensam sobre ela, e vê a opinião alheia como algo muito relevante. Precisa se sentir reconhecida e valorizada durante o processo de negociação. Tende a levar o trabalho para o lado pessoal e precisa saber como poderá capitalizar os resultados obtidos com suas ações.

Situações comuns de quem negocia por essa motivação:

- Preferir negociar com pessoas que enalteçam seu valor.
- Gostar de lidar com pessoas bem-sucedidas.
- Ser otimista e entusiasmada.
- Adorar elogios.
- Buscar aprovação social.

Caso – "O ambicioso"

A pessoa que tem o reconhecimento como motivador preponderante apresenta características muito marcantes, como a necessidade de ser aprovada social e profissionalmente. Gosta de se vestir bem, prefere se relacionar com pessoas que irradiem sucesso, motiva-se quando é publicamente elogiada e dá atenção especial à aparência física, procurando manter a saúde também por questões estéticas.

Não há nenhum problema ético em gostar de ser reconhecida e admirada, uma vez que pode ser a energia que leva a pessoa a se esforçar mais para atingir seus objetivos.

O caso de Fábio ilustra muito bem o lado bom e o ruim de ter essa motivação em altíssima escala. Ele tem origem muito humilde e começou sua trajetória profissional vendendo seguros de porta em porta; depois montou pequenas franquias e, como sempre foi muito determinado, agregou aos poucos vários empreendimentos ligados à construção de imóveis para baixa renda, tornando-se bem-sucedido em vários deles.

No entanto, a necessidade de reconhecimento sempre foi maior que sua motivação por ganhar dinheiro, pois gasta excessivamente para ter um alto padrão de vida e muita exposição pública. Ele diz que o que chamam de exibicionismo, na verdade funciona muito bem, já que as pessoas preferem negociar com gente bem-sucedida como ele.

O lado bom é que acaba servindo de exemplo para jovens ambiciosos como ele, já que o desejo de ser reconhecido como competente e de obter fama, pode ser um impulso poderoso para o sucesso.

Ser altruísta. Quem tem essa motivação preponderante já atingiu praticamente todos os objetivos pessoais e financeiros, ou leva uma vida com poucas necessidades materiais. Em geral, é uma pessoa mais madura e tem um fervor quase idealista relacionado aos seus projetos. Vê o bem comum como fator mais importante do que qualquer vantagem pessoal e leva muito em consideração o caráter da pessoa com quem negocia.

Situações comuns de quem negocia por essa motivação:

- Fazer trabalhos voluntários.
- Preocupar-se com as necessidades alheias.
- Compartilhar seus conhecimentos.
- Ter, muitas vezes, forte componente religioso ou espiritual.
- Fazer o que for mais útil para a sociedade.

Caso – "O engajado"

Atualmente, na Índia, mais de 400 milhões de pessoas vivem abaixo da linha da pobreza, com renda diária inferior a um dólar.

Além da pobreza extrema, muitos lugares conservam crenças medievais, como é o caso do tabu da menstruação: o uso de absorventes íntimos é inacessível para boa parte da população e, durante o período menstrual, um número enorme de mulheres não sai de casa por vergonha. Para complicar, cerca de 70% das doenças reprodutivas são causadas por falta de higiene durante o período menstrual.

Nascido em uma família muito pobre, Arunachalam Muruganantham presenciou o drama pelo qual passavam muitas mulheres de seu vilarejo devido a esse tabu. Em 1997, ele resolveu mudar a situação: começou a pesquisar materiais para produzir absorventes baratos e higiênicos. Muruga, como prefere ser chamado, por mais de dez anos testou todo tipo de materiais e equipamentos disponíveis em áreas pobres. Descobriu, por exemplo, que usar celulose seria mais barato que algodão, mas seu processo de decomposição encarece o produto final. Construiu, depois de quatro anos e com pouquíssimos recursos, a própria máquina para decompor celulose e passou a fabricar, artesanalmente, absorventes cerca de dez vezes mais baratos que os tradicionais. Ele então abriu mão de boa parte do lucro e começou a negociar a operação de suas máquinas em sociedade, exclusivamente, com mulheres pobres. Também definiu que todas as vendas dos absorventes deveriam ser feitas por elas, para que não houvesse nenhum tipo de constrangimento com as compradoras.

Atualmente, as máquinas de Muruga funcionam em cerca de 1.500 vilarejos indianos. Ele diz que sua maior satisfação tem sido ajudar milhões de mulheres humildes a ter uma vida normal, desobrigando-as de permanecer em casa no período menstrual.

Os motivadores no cotidiano

As motivações funcionam de duas formas: a estrutural, que faz parte da personalidade da pessoa, pois define e norteia muitas de suas decisões; e a conjuntural, que muda conforme a situação ou uma necessidade específica.

Isso significa, por exemplo, que você pode ter como motivador estrutural (ou seja, mais intenso) ganhar dinheiro, mas também poderá negociar para sentir prazer quando se tratar de um *hobby* que você adora, evitar perda no momento em que estiver em uma situação de risco, evitar incômodo quando não estiver disposto a enfrentar uma fila, obter reconhecimento ao sentir necessidade de ser elogiado, ou ainda ser altruísta em uma situação em que queira ajudar alguém.

Por isso, é fundamental analisar, em cada negociação, o que realmente o motiva naquele caso específico.

Outra questão importante, que muita gente se questiona é: "Qual o melhor motivador?". Na prática, não existe motivador melhor ou pior.

Nada há de errado, por exemplo, em ter a motivação mais intensa de ganhar dinheiro. É provável que esse desejo impulsione a vida profissional da pessoa, pois aumentará sua dedicação, seu esforço e seu comprometimento no trabalho para satisfazer o desejo de ganhar cada vez mais. Os problemas acontecem quando o indivíduo prejudica intencionalmente outras pessoas para aumentar seus ganhos, ou passa por cima dos padrões éticos para levar vantagem.

A pessoa que tem evitar perda como motivador mais intenso tenderá a correr poucos riscos, buscará obter uma reserva financeira para a velhice e será reconhecida como alguém que não toma decisões intempestivas. Em compensação, pode perder boas oportunidades por medo de mudanças, ficar muito estressada quando não conseguir controlar o ambiente ao redor e sofrer por se apegar a medos exagerados.

Quem tende a evitar incômodo com muita frequência busca comodidade, prefere não se expor e procura estratégias mais diretas para não ter complicações. Também busca ser objetiva e, sempre que possível, vai diretamente ao que interessa durante a maioria das negociações. Em excesso, esse motivador pode fazer com que a pessoa pareça acomodada e, às vezes, intolerante com quem tem um ritmo mais lento ou for indeciso.

Pessoas que se motivam pelo sentimento de prazer priorizam fazer o que gostam na vida profissional e pessoal – sabem o que querem e são exigentes com o próprio bem-estar. Tendem também a ser detalhistas e evitam negociar com pessoas despreparadas ou muito informais. Em excesso, podem demonstrar arrogância com quem não domina os assuntos de seu interesse e parecer egoístas ao dar exagerada importância a seu bem-estar pessoal.

Já quem tem obter reconhecimento como motivador mais relevante terá como prováveis características a busca pela admiração alheia, grande rede de relacionamentos e muita vontade de ser elogiada em tudo que faz. Em excesso, essa motivação pode indicar vaidade desmedida e foco mais nas aparências do que nos resultados, gerando certa antipatia.

Ser altruísta como principal motivador traz vantagens, como a paz de espírito e a sensação de que está contribuindo para um mundo melhor, com a consequente autorrealização. Quando exagerado, pode fazer com que a pessoa pareça ingênua, sentindo-se eventualmente muito frustrada com quem não compartilha seus valores.

A seguir, há um teste para identificar a intensidade de seus motivadores. Você constatará que possui as seis motivações, mas em diferentes intensidades. Uma ou duas costumam ser estruturais; duas ou três, conjunturais – que aparecem com certa frequência – e uma ou duas são pouco importantes em suas tomadas de decisão no dia a dia.

Vamos ao teste. Sugiro que as tabelas a seguir sejam preenchidas com base naquilo que você efetivamente é no dia a dia, e não no que gostaria de ser. Você também poderá fazer o teste no site *negociequalquercoisa.com/testes-real/*.

O que motiva você?

TESTE 1 – GANHAR DINHEIRO

	Quase sempre	Muitas vezes	Poucas vezes	Quase nunca
1. Invisto em ativos de risco.				
2. Estou sempre procurando novas fontes de renda.				
3. Priorizo a boa remuneração.				
4. Tenho mais gana de ganhar do que medo de perder.				
5. Mudaria de profissão ou negócio se tivesse chance de ganhar mais.				
6. Mudaria de cidade ou estado se fosse financeiramente vantajoso.				
7. Sou ambicioso.				
8. Sou arrojado.				
9. Fico atento a oportunidades de novos negócios.				
10. Prefiro ganhar por comissão a ter uma remuneração fixa.				
SUBTOTAL	3 × ___	2 × ___	1 × ___	0 × ___
TOTAL *(Soma dos resultados)*				

OS MOTIVADORES PELOS QUAIS SE NEGOCIA

TESTE 2 – EVITAR PERDAS

	Quase sempre	Muitas vezes	Poucas vezes	Quase nunca
1. Prefiro investimentos de baixo risco, mesmo que remunerem pouco.				
2. Gosto de comprar produtos que tenham garantia estendida.				
3. Prefiro estabilidade no trabalho.				
4. Gosto de estabilidade na vida pessoal.				
5. Faço seguros (carro, vida, casa).				
6. Prefiro fazer pequenos serviços em casa para economizar.				
7. Sou conservador.				
8. Sou precavido.				
9. Não troco o certo pelo duvidoso.				
10. Sou desconfiado.				
SUBTOTAL	3 × ___	2 × ___	1 × ___	0 × ___
TOTAL *(Soma dos resultados)*				

TESTE 3 – EVITAR INCÔMODO

	Quase sempre	Muitas vezes	Poucas vezes	Quase nunca
1. Prefiro negociações objetivas.				
2. Evito lidar com pessoas de ritmo lento.				
3. Tenho pouca paciência para negociar.				
4. Aceito pagar mais caro para não me incomodar.				
5. Prefiro negociar com vendedores que proporcionem comodidade.				
6. Prefiro pagar pequenos serviços em casa para evitar ter de fazê-los.				
7. Prefiro produtos simples de usar.				
8. Prefiro usar roupas mais confortáveis do que bonitas.				
9. Prefiro comprar várias coisas no mesmo lugar, por comodidade.				
10. Prefiro coisas práticas mesmo que custem mais caro.				
SUBTOTAL	3 × ___	2 × ___	1 × ___	0 × ___
TOTAL *(Soma dos resultados)*				

TESTE 4 – SENTIR PRAZER

	Quase sempre	Muitas vezes	Poucas vezes	Quase nunca
1. Procuro várias opções até achar o produto ou serviço ideal.				
2. Minha satisfação pessoal é prioridade em negociações.				
3. Acho que qualidade é mais importante do que preço.				
4. Adoro falar sobre meu trabalho.				
5. Invisto tempo estudando os manuais para usar melhor os produtos.				
6. Prefiro negociar com especialistas no assunto em questão.				
7. Envolvo-me em todos os processos de uma negociação.				
8. Levo meu lazer a sério.				
9. Sou detalhista.				
10. Gosto de analisar as pessoas antes de negociar com elas.				
SUBTOTAL	3 × ___	2 × ___	1 × ___	0 × ___
TOTAL *(Soma dos resultados)*				

TESTE 5 – OBTER RECONHECIMENTO

	Quase sempre	Muitas vezes	Poucas vezes	Quase nunca
1. Gosto de divulgar meus resultados.				
2. Tenho como referência pessoas de sucesso.				
3. Gostaria de ser famoso.				
4. Prefiro me relacionar com gente bem-sucedida.				
5. Gosto de ter meu trabalho reconhecido.				
6. Sou vaidoso.				
7. Procuro me destacar em tudo que faço.				
8. Tenho orgulho de ser como sou.				
9. Gostaria de ser referência para outras pessoas.				
10. Procuro me vestir bem.				
SUBTOTAL	3 × ___	2 × ___	1 × ___	0 × ___
TOTAL *(Soma dos resultados)*				

TESTE 6 – SER ALTRUÍSTA

	Quase sempre	Muitas vezes	Poucas vezes	Quase nunca
1. Faço trabalhos voluntários.				
2. Sinto-me realizado profissionalmente.				
3. Procuro contribuir com a sociedade.				
4. Minha espiritualidade é prioridade de vida.				
5. Estou financeiramente satisfeito.				
6. Tenho poucas necessidades materiais.				
7. Dou bons exemplos de conduta.				
8. Prefiro fazer o que gosto, mesmo ganhando menos.				
9. Divido meu conhecimento.				
10. Encaro meu trabalho como uma missão.				
SUBTOTAL	3 × ___	2 × ___	1 × ___	0 × ___
TOTAL *(Soma dos resultados)*				

Análise dos resultados:

- **0-5 pontos** – Baixíssima intensidade dessa motivação.
- **6-10 pontos** – Baixa intensidade dessa motivação.
- **11-19 pontos** – Média intensidade dessa motivação.
- **20-25 pontos** – Alta intensidade dessa motivação.
- **26-30 pontos** – Altíssima intensidade dessa motivação.

Quanto mais baixa a pontuação, menor é a frequência com que você demonstra a motivação analisada. E quanto mais alta, mais a demonstra.

Teste 1 (p. 80) – Ganhar dinheiro _____
Teste 2 (p. 81) – Evitar perda _____
Teste 3 (p. 82) – Evitar incômodo _____
Teste 4 (p. 83) – Sentir prazer _____
Teste 5 (p. 84) – Obter reconhecimento _____
Teste 6 (p. 85) – Ser altruísta _____

Capítulo 5

Os trunfos para negociar melhor

"Seu poder de influência se encontra em quaisquer razões que levem o outro lado a querer ou precisar de um acordo com você."

BOB WOLF

Existem pelo menos cinco grandes trunfos para se posicionar melhor na maioria das negociações. Não se trata de nenhum tipo de esperteza, artimanha ou técnica de manipulação, pois a autoridade moral deriva da segurança que o indivíduo tem para usar seus principais diferenciais sem nenhum tipo de malandragem.

Quanto mais trunfos possuir, menos esforço terá de fazer para obter o que deseja em qualquer acordo.

Vamos a eles:

Expertise

Tem relação com a habilidade, conhecimento ou domínio técnico que você tem sobre determinado assunto. Se a pessoa é comprovadamente especialista em alguma área, seu posicionamento é respeitado. Um ou mais desses requisitos indicam expertise:

- Ter experiência prática relevante: muitos anos de trabalho no assunto em questão, com bons resultados comprovados.
- Possuir formação acadêmica consistente, em instituições de boa reputação.
- Ter trabalhos científicos publicados em mídias internacionalmente respeitadas.
- Ser reconhecido e indicado como pessoa gabaritada e com muito conhecimento sobre o assunto por clientes, fornecedores ou formadores de opinião.
- Ser referência constante em diferentes segmentos profissionais.

Credibilidade

Uma reputação positiva costuma demorar anos para ser conquistada, e normalmente é fruto de muito esforço, comportamento ético, dedicação e coerência com seus valores morais. O mesmo se dá na maneira com que a pessoa interage com seus diferentes interlocutores no decorrer da vida. Ou seja, tem muito a ver com seu rastro ou histórico pessoal.

Atualmente as informações são acessadas com facilidade. Se, por exemplo, você digitar nos sites de busca o nome de qualquer profissional liberal – como um advogado ou médico –, aparecerá todo o histórico dele e, quanto mais extenso, mais fácil será avaliá-lo.

Pessoas que gozam de boa reputação são como um livro aberto, pois, além de não terem nada a esconder, têm muito que mostrar. Um ou mais destes requisitos indicam credibilidade:

- Reputação de pessoa íntegra em suas relações profissionais e pessoais.
- Ter histórico como mediador de conflitos onde trabalha ou presta serviços, bem como em seu cotidiano social e familiar.
- Ser fonte confiável e constante de jornais, revistas, canais de TV ou emissoras de rádios que tenham credibilidade.
- Ser conselheiro ou consultor de empresas relevantes.
- Obter prêmios ou reconhecimento de instituições respeitadas.

Poder

Se a pessoa é famosa, tem um cargo de destaque, muito dinheiro ou grande admiração pública – ou mesmo mais de um desses atributos –, obviamente terá muito poder para influenciar os rumos da maioria das negociações das quais participa. Um ou mais desses requisitos indicam poder:

- Ser formador de opinião.
- Ter muito dinheiro.
- Possuir um cargo de direção em uma empresa renomada.
- Ter um negócio bem-sucedido.
- Ser muito bem relacionado.

Talento

O indivíduo pode levar vantagem em uma negociação quando é talentoso em alguma área. Em muitos casos, um talento especial gera curiosidade ou admiração e funciona como quebra-gelo, impondo naturalmente certo respeito. Alguns talentos que costumam facilitar negociações:

- Habilidades artísticas: ser divertido, fazer imitações ou tocar um instrumento musical, mesmo que de forma amadora.
- Habilidades sociais: ser empático, bom organizador de festas, ótimo conselheiro, ter muito jogo de cintura ou alto grau de inteligência emocional.
- Habilidades esportivas: atuar com destaque no tênis, futebol, golfe, pescaria, corrida, ou qualquer outro esporte, mesmo como amador.
- Habilidades intelectuais: ser muito inteligente, ter raciocínio rápido ou memória infalível, além de gerar admiração, contribui para analisar rapidamente o contexto.
- Habilidades profissionais: ser empreendedor, bom orador e executar bem várias tarefas traz uma aura de competência que pode ajudar em vários tipos de acordos.

Padrões

Mesmo que a pessoa não conte com nenhum dos trunfos comentados (em geral, indivíduos muito jovens ainda têm pouco a mostrar), ainda poderá contar com a força dos padrões. Um padrão nada mais é que uma referência numérica e, quanto mais conhecida a fonte dos dados (órgão de pesquisa, associação de classe, tabela de salários etc.), mais poderosa será.

Por exemplo: imagine que você queira comprar um apartamento em determinado prédio que fica muito próximo de seu trabalho, e o dono do imóvel pede um valor de 10 mil reais pelo metro quadrado. Isso é muito ou pouco?

O que determinará se o preço é caro ou barato será o padrão de mercado, que, nesse caso, poderá ser levantado em poucos minutos em uma pesquisa na internet com imóveis no mesmo bairro, analisando o tipo de acabamento, tempo de construção, grau de conservação etc. Uma referência ainda mais poderosa será averiguar por quais valores foram vendidos, nos últimos meses, apartamentos naquele mesmo prédio.

Os padrões valem para muitas situações:

- Compra ou venda de um carro.
- Salário atual (se estiver pensando em pedir aumento).
- Quanto pagar por um curso de idiomas, palestra ou programa de pós-graduação.
- Valor da escola dos filhos.
- Quantidade de horas de treinamento recebidas em sua empresa.
- Preço de um eletrodoméstico ou qualquer bem de consumo.
- Aluguel de uma casa na praia.
- Valor da hora ou do dia de uma consultoria.
- Quantidade de comentários (positivos ou negativos) nas mídias sociais, a respeito da qualidade do trabalho de um profissional (cirurgião plástico, dentista, fisioterapeuta, eletricista, corretor de imóveis, advogado e dezenas de outros prestadores de serviço).

Os padrões não resolvem tudo, mas indicam uma referência para que a negociação não comece do zero ou sem base de mercado. Se a pessoa cobrar mais caro que a média, precisará ter fatos – que muitas vezes não existem, pois são meramente emocionais, como o seguinte argumento para convencer alguém sobre o preço acima de mercado de um determinado imóvel: "Sou o primeiro e único morador desse apartamento, por isso sei que vale mais que os outros do prédio".

Por outro lado, se você é o prestador de serviço, a regra para definir seu preço é a mesma. Qual é sua expertise, sua credibilidade, seu poder de influência e seu talento natural? Qual é o padrão de preços de concorrentes diretos? Há muita ou pouca gente atuando na mesma área?

Se estiver começando, obviamente sua remuneração precisará ficar abaixo da média, até se tornar mais conhecido e aumentar seu preço aos poucos.

Se já estiver no auge, provavelmente seus valores é que serão referência em seu limite mais alto. Ou seja, você precisará analisar seus trunfos (expertise, credibilidade, poder e talento) para definir se seu preço ficará abaixo, na média ou acima do padrão de mercado.

Vamos a dois casos para contextualizar essa análise.

Caso – "O casal precavido"

Pedro e Cíntia estavam casados havia dez anos e eram profissionalmente bem-sucedidos, quando, enfim, decidiram ter um bebê. Cíntia estava no sétimo mês de gravidez quando começaram a procurar um pediatra para atender a filha.

Queriam um profissional que tivesse expertise, credibilidade, talento para lidar com crianças e disponibilidade para atender emergências, considerando que seriam pais de primeira viagem. Assim, obtiveram três ótimas indicações e foram conhecer os médicos.

O primeiro tinha mais de trinta anos de experiência, era professor de uma universidade federal, muitos trabalhos científicos publicados e disse ter uma equipe disponível para emergências. O problema é que o acharam muito frio para lidar com crianças e não se sentiram à vontade para aprofundar a conversa.

O segundo também era experiente, transmitia credibilidade e parecia ter jeito para lidar com crianças, pois vinha à sala de espera chamar as mães para a consulta e aproveitava para brincar com as crianças que aguardavam. Entretanto, notaram dois problemas: muito atraso no atendimento e excesso de pacientes aguardando. Na conversa, ele disse que estaria disponível para ligações de emergência, mas, como viajava para congressos e coordenava o departamento de pediatria de um grande hospital, algumas vezes não poderia atender. Também não se sentiram à vontade com o profissional.

A terceira, doutora Sílvia, os encantou. Tinha mais de vinte anos como pediatra, muita credibilidade – foi indicada por outros cinco pais conhecidos do casal, inclusive dois deles médicos –, demonstrou facilidade de relacionamento com crianças, pontualidade no atendimento, pouca gente aguardando no consultório e um único problema: o valor da consulta era o mais alto de todos.

Ao conversarem com ela, entenderam o motivo. Sílvia explicou que cada consulta durava uma hora; atendia um número restrito de pacientes por dia; tinha um celular à disposição para emergências e, quando em férias ou congressos, seu telefone ficava com a irmã, que também é uma pediatra qualificada e poderia fazer o atendimento.

Além disso, ela era o tipo de pessoa que deixa qualquer um à vontade: atenciosa, boa ouvinte, empática e, ao mesmo tempo, assertiva. Ou seja, a doutora Sílvia reunia expertise, credibilidade e talento para lidar com crianças, o que permitia que cobrasse um valor de consulta acima do padrão de mercado.

Pedro e Cíntia optaram por ela, e passados mais de dez anos concluíram que fizeram um ótimo "investimento" na saúde da filha. Realizaram todas as consultas recomendadas e, nas poucas vezes que ligaram, quando houve emergência, algumas de madrugada, sempre foram bem atendidos.

Caso – "Vale tudo isso?"

Recebo muitos pedidos de cotação para palestras e treinamentos. Sempre que possível – e depois de uma triagem inicial – procuro conversar por telefone com a pessoa interessada para criar algum vínculo pessoal (o que é praticamente impossível fazer apenas por e-mail ou mensagem de WhatsApp), a fim de entender se realmente poderia atender suas necessidades, ajustar o conteúdo e, é claro, negociar meus honorários.

Quando meu interlocutor considera o valor acima de seu orçamento, procuro verificar se há possibilidade de negociação. Na maioria das vezes há. Quando consigo criar alguma intimidade, a pessoa abre o jogo:

— Olha, Eduardo, para ser sincero até poderíamos pagar mais, mas nosso novo gerente está relutante.

— Qual o motivo da relutância?

— Ele não é da área de eventos, acha os valores cobrados muito altos e resolveu estipular um teto de gastos.

— Você está conseguindo boas opções com a verba aprovada?

— Pior que não! Preciso contratar três palestrantes e até agora não consegui fechar com nenhum. Estamos a poucas semanas do evento, e o orçamento de que disponho não chega nem perto do que cobram nossas principais opções. Se não houver tempo hábil, teremos de escolher apenas um para que o custo seja suficiente. Em sua opinião, quais critérios deveríamos levar em consideração na contratação de um palestrante e que argumentos eu poderia levar para meu chefe?

— A primeira coisa a analisar são seus objetivos. Quer algo mais motivacional ou com conteúdo mais aprofundado? Alguém mais emotivo ou desafiador? Sério ou engraçado? Quer que o público interaja com perguntas ou não? Prefere uma celebridade ou alguém pouco conhecido, mas que surpreenda? De posse dessas respostas, a segunda providência é o tempo. Da próxima vez, comece a avaliar as possibilidades com pelo menos seis meses de antecedência para ter mais opções e planejar com calma. A terceira é analisar a expertise, ou seja, há quanto tempo a pessoa faz palestras ou treinamentos, com que frequência, quanto ela de fato entende do assunto e, principalmente, se tem condições de atender plenamente as expectativas do público em questão. A quarta é a reputação. Pesquise nas mídias sociais e veja o que aparece. Gente bem-sucedida tem muitas menções positivas, entrevistas, artigos, vídeos. Analise os comentários de quem assistiu, principalmente dos contratantes. A quinta providência é analisar quem são os clientes e há quanto tempo. Quanto mais relevantes forem os contratantes, melhor o controle de qualidade. A sexta é verificar os padrões. Faça cotações para descobrir quanto cobram os mais famosos (que serão mais caros) e os pouco conhecidos (que serão mais baratos). Na verdade, um palestrante não cobra por uma hora de trabalho, e sim por toda sua quilometragem e por aquilo que o mercado acha justo pagar. Não é possível escapar da lei da oferta e procura. No meu caso, cobro por uma experiência prática de mais de 35 mil horas falando e trabalhando sobre comportamento humano e isso tem valor... Por último, faça um *test drive*. A melhor opção será assistir ao profissional ao vivo. Se não for possível, parta para o plano B. Praticamente todos os palestrantes têm vídeos gravados ao vivo. Sugiro que os encontre na internet, e assista até encontrar aquele que realmente seja compatível com as demandas de seu evento. Preste atenção no conteúdo, didática, linha de raciocínio, coerência, bom humor, presença de palco e qualificação para lidar com o público. Ou seja, analise a expertise, a credibilidade, o poder de influência e o talento natural do orador para saber se ele realmente vale o que cobra. Todo o "pacote" técnico/comportamental estará lá, e a decisão será muito mais fácil de ser tomada. Os mais famosos são aqueles com maior demanda e, obviamente, com preço mais alto. Os iniciantes ou

> pouco conhecidos custam menos, mas há gente jovem extremamente talentosa à espera de oportunidades para brilhar. No entanto, cuidado para não economizar no prato principal, pois o que realmente custará muito caro será levar alguém que não atenda às expectativas, ou pior, faça você e seu gestor passarem constrangimento, caso o público não aprove a palestra. Muitas vezes, é melhor contratar um profissional fora de série, que cause grande impacto positivo, do que três apenas bons, mas que não proporcionem encantamento.
>
> — Farei isso. Assistirei aos vídeos, a começar por um seu. Alguma sugestão?
>
> — Sugiro que escolha qualquer um, aleatoriamente, e se gostar, continue assistindo para avaliar se minhas horas de experiência valem o que cobro! (risos) Combinado?
>
> — Combinado!

O que pode prejudicar suas negociações

Da mesma forma que expertise, credibilidade, poder, talento natural e padrões aumentam a autoridade para conseguir bons acordos, há certas atitudes, hábitos e comportamentos que deixam a pessoa vulnerável e com poucas chances de obter o que deseja. Vamos aos principais:

- **Incoerência** – Falar algo e fazer o oposto destrói a credibilidade de qualquer um. Como acreditar em alguém que se contradiz com frequência? "Lá vem o chefe dizendo que precisamos ser pontuais, mas sempre chega atrasado e não termina nada no prazo que estipula." "Fulano sempre prega a importância do trabalho em equipe, contudo é o mais egoísta de todos. Para ele, trabalho em grupo só bom quando serve para ajudá-lo em algo."

- **Prometer e não cumprir** – Pessoas com fama de exageradas, levianas ou antiéticas acabam tendo dificuldade para conseguir simples acordos, pois os outros sempre desconfiam de que o combinado não será entregue. "Se ele disse que a encomenda chegará no dia 30, já sei que provavelmente demorará no mínimo duas semanas além do prazo." "Não confie no vendedor da empresa X, pois ele diz que conseguirá o maior desconto, mas sempre faz pelo preço normal de mercado. Ele é tão cara de pau que virou motivo de chacota no mercado."
- **Despreparo** – Quase todos nós toleramos alguma inexperiência ou nervosismo, mas poucos aceitam gente despreparada tentando negociar o que não conhece ou se metendo em algo cujo funcionamento não entende. "Já fizemos duas reuniões e notamos que nosso interlocutor não domina o assunto. Ele improvisa o tempo todo, e cita parâmetros discutíveis sem citar a fonte. Não adianta marcar uma terceira reunião, pois perdemos a confiança em tudo que está sendo dito." "Sicrano se acha um gênio e nunca segue o roteiro combinado. Ele diz que não gosta de ficar preso a pontos específicos, mas na verdade achamos que ele tem preguiça de se preparar adequadamente."
- **Arrogância** – Por mais que a pessoa seja poderosa ou qualificada em sua área de atuação, perderá muitas oportunidades se demonstrar arrogância, grosseria ou

prepotência. "Preferimos negociar com quem é muito bom no que faz, contudo fulano é insuportável, pois só fala de sua grande capacidade e brilhantismo. Isso demonstra, na verdade, tremendo egocentrismo, e gera antipatia." "Fulana sempre diz que não precisa de ajuda, pois faz sozinha as melhores vendas da companhia. O resultado é que o conselho consultivo da empresa não aprovou sua promoção, por achar que será rejeitada pela equipe."

- **Falta de empatia** – Empatia é a habilidade de colocar-se no lugar do outro. Negociar bem não significa fazer tudo o que o outro deseja, mas entender que as pessoas têm um estilo, motivações e necessidades muitas vezes diferentes das nossas. "Fui a uma loja e pedi à vendedora o vestido com estilo mais formal que estava na vitrine. Ela apareceu com outro quase transparente, e ainda insistiu para que eu o experimentasse, dizendo que adorava o vestido. Ela não se colocou no meu lugar e tentou vender algo que ela gostaria de usar." "Meu chefe acabou de fazer um discurso sobre como ser mais humano na gestão de pessoas, mas trata todos com desprezo e até grosseria. Será que ele não tem espelho em casa?"

- **Desequilíbrio emocional** – Raiva, choro, excesso de agressividade, medo aparente ou apatia levam a negociação ao pior dos mundos: o das emoções descontroladas. Quem costuma deixar-se levar pelos sentimentos torna-se presa fácil para os mal-intencionados, ou cria a fama de difícil de lidar, afastando principalmente quem não gosta de negociar com gente grosseira, chata ou instável. "Todos estão evitando o Fulano, porque ele passa o dia inteiro reclamando que é perseguido, mas quando a gente pede que descreva as situações, parte para a agressão." "Sicrano será demitido em breve, e nem se dá conta que vive no mundo da fantasia. O chefe já desistiu de orientá-lo e mesmo nós que gostamos dele não conseguimos fazer qualquer sugestão, porque ele diz que sabe o que está fazendo e que nós somos exagerados."

Capítulo 6

BATNA

> "Sempre tenha uma alternativa na vida. Um outro emprego, outra proposta, outra profissão, outra possibilidade de sucesso. Em suma, sempre tenha um plano B."
>
> Stephen Kanitz

Uma providência indispensável em negociações difíceis ou arriscadas (quando você tem muito a perder ou chance de ganhar bastante) é estudar alternativas para fortalecer sua posição.

Na prática, quanto mais poderosas forem suas alternativas, maiores serão suas chances de alcançar um acordo vantajoso. O fundador do Programa de Negociação da Universidade de Harvard, William Ury, que criou o acrônimo **BATNA** – **B**est **A**lternative **T**o a **N**egotiated **A**greement (Melhor Alternativa à Negociação de um Acordo) –, afirma que ter boas alternativas ou várias opções é uma estratégia poderosa para aumentar sua influência em qualquer negociação. Por outro lado, ir para mesa de negociação sem ter estudado outras alternativas (caso o acordo em questão não dê certo ou o outro lado faça propostas absurdas), é quase garantia de resultados ruins.

Por exemplo:

- Se estiver pensando em pedir um aumento de salário, sua BATNA pode ser estudar a viabilidade de trabalhar em outras empresas ou por conta própria, ganhando mais do que atualmente. De posse dessas informações (não pode ser blefe) e tendo ao menos uma boa proposta, você ficará em uma posição muito mais favorável para negociar.
- Se está disposto a comprar um carro usado e o vendedor não quer dar desconto, sua BATNA deve ser procurar, previamente, várias opções de automóveis semelhantes, com valor mais baixo, antes de começar a negociar.
- Se seus pais não querem (ou não podem) bancar um curso no exterior, alegando dificuldades financeiras (que muitas vezes também são problemas emocionais, como apego exagerado), sua BATNA pode ser trabalhar meio turno, poupar pelo menos metade do salário, ou também conseguir autorização para trabalhar no país desejado. Sua chance de obter a aprovação, e até a ajuda deles, será muito maior.
- Se seu esposo se recusa a ir a uma festa de formatura com você, sua BATNA pode ser convidar uma amiga. Nesse caso, a alternativa pode ser até melhor, pois o outro poderia ir de má vontade e ficar de cara amarrada, o que seria ruim para ambos.
- Se estiver participando de um processo de seleção muito difícil, sua BATNA pode ser participar de outros processos seletivos exigentes. Além de ganhar uma experiência relevante, você vai aumentando seu repertório de respostas, competindo com pessoas de bom nível e aos poucos vai obtendo um jogo de

cintura que será útil por toda vida para negociar em situações de pressão.
- Se seu sócio não quiser arriscar um investimento em um novo projeto, sua BATNA pode ser criar uma nova empresa, ou procurar outros sócios. De novo, muitas vezes as alternativas são tão boas ou até melhores que a posição original, pois nos tiram do caminho mais fácil e nos obrigam a uma melhor preparação.
- Se você está vendendo algo e seu maior cliente está irredutível quanto ao seu preço, sua BATNA pode ser dividir a venda para dois ou três clientes menores que darão o mesmo lucro final. Certamente será mais trabalhoso, mas também pode ser promissor diluir o risco e diminuir a dependência de um cliente muito poderoso.
- Se você tem um projeto excelente e seu principal fornecedor está relutante em lhe dar crédito complementar, sua BATNA pode ser mostrar o projeto para outros potenciais fornecedores. Quando uma proposta em que acreditamos é rejeitada por quem respeitamos ou dependemos, tendemos a nos desmotivar e muitas vezes desistir. Na verdade, deveria ocorrer o contrário: seja persistente e procure alternativas ainda não testadas.
- Se um subordinado que era muito competente está fazendo corpo mole ou ameaçando pedir demissão se não tiver suas exigências atendidas, sua BATNA será preparar outro profissional para substituí-lo. Um bom gestor jamais deve ser refém de seus subordinados, por melhores que sejam. Seja justo e meritocrático, mas sempre invista tempo e dinheiro para contratar e formar profissionais talentosos, aumentando a

competição interna de modo a obter o melhor de cada profissional.
- Se seu gerente de banco não quiser aumentar a remuneração de um investimento, sua BATNA será procurar outros bancos. Não procurar alternativas ou ter preguiça de estudar finanças pessoais quase sempre deixa o indivíduo dependente de pessoas que normalmente darão prioridade para seu próprio negócio, não para seu cliente. Quem conhece várias opções financeiras impõe respeito e recebe as melhores ofertas, normalmente disponíveis para poucos.
- Se sua operadora de cartão de crédito insiste em cobrar uma anuidade, sua BATNA será encontrar outra que não cobre. Falta de tempo não é desculpa para pagar mais caro por serviços ou produtos parecidos. Estude sempre opções (telefonia, serviços bancários, seguros, planos de saúde etc.) para obter bons acordos em todas as áreas.
- Se o fornecedor de sua empresa continuar atrasando as entregas, sua BATNA será conseguir mais dois ou três fornecedores menores e testar, aos poucos, a qualidade do que eles oferecem. Lembre-se sempre: "Quem tem alternativas quase sempre consegue melhores acordos".

Em muitos casos, portanto, seus resultados em uma negociação dependem menos de você ser mais bem relacionado, mais inteligente, mais poderoso ou mais rico do que seu oponente, e sim da qualidade de sua BATNA.

Afinal, mesmo pessoas poderosas respeitam quem tem outras propostas tão boas quanto as delas. Entretanto, não se esqueça de que suas boas alternativas não devem ser utilizadas para ameaçar, mas para fortalecer sua posição, dar-lhe segurança e aumentar seu poder de argumentação.

Uma boa BATNA, como vimos, é tão poderosa que você poderá se dar ao luxo de optar por ela se a negociação original não der certo ou for muito demorada, obtendo ainda assim um ótimo resultado final. Portanto, ela não pode ser em nenhuma hipótese um blefe: se o outro lado perceber sua artimanha, ele ficará ainda mais intransigente e, pior, não confiará em suas outras informações, mesmo que sejam verdadeiras. Mentir também prejudicará ou inviabilizará negociações futuras, pois a má reputação normalmente se espalha mais rápido do que a boa.

Outra tarefa fundamental, como veremos adiante, será analisar a BATNA de seu oponente, o que o ajudará a neutralizá-la com uma "contra-BATNA" para que a negociação ocorra em condições semelhantes.

É incrível a quantidade de pessoas que iniciam negociações sem analisar alternativas, confiando basicamente em sua capacidade de improvisar na hora do aperto. Por isso, prepare opções antes de a negociação começar e **baseie-se no poder das alternativas que você tem ou das que poderá criar antes de a negociação começar.**

> Com isso, terminamos as seis premissas básicas que você precisa conhecer. A seguir, na Parte II, veremos como nos preparar adequadamente para negociar com confiança e bons argumentos.

Parte II

PREPARAÇÃO: Como se preparar antes de a negociação começar

> "Aquilo que muitos chamam de sorte é, na verdade, cuidado com os pormenores."
>
> WINSTON CHURCHILL

Esta é uma fase pouco utilizada – e até menosprezada – pela maioria dos negociadores brasileiros, que em geral abusam do "jeitinho" para resolver problemas ou conseguir o que precisam por meio do improviso. Isso não quer dizer que a flexibilidade seja ruim, porém, exagerar nesse expediente pode causar problemas em médio e longo prazos.

Também há pouco cuidado com a preparação, pois a maioria das metodologias de negociação é muito complexa para não especialistas, como é o caso de grande parte das pessoas.

Como você verá a seguir, para acordos simples, como decidir onde passar um feriado com a família, uma boa preparação pode ser feita em poucos minutos, e para negociações mais complexas, como a compra de um imóvel, em algumas horas.

Tudo dependerá de como adaptar a metodologia que veremos a cada situação. A tendência é que, depois de usá-la algumas vezes, você comece a automatizar os passos, seguindo-os sem muito esforço.

Quanto mais preparado você estiver, mais seguro se sentirá.

Vamos começar as cinco partes da preparação.

Capítulo 7

Autoanálise

"Não vemos as coisas como elas são, mas como nós somos."

ANAÏS NIN

Vários pesquisadores, entre eles, o ganhador do prêmio Nobel de Economia de 2002, Daniel Kahneman, afirmam que percebemos o mundo com vieses mentais ou filtros cognitivos. Seria como se usássemos uma lente que distorce a realidade, normalmente a nosso favor.

Kahneman explica em seu livro *Rápido e devagar: duas formas de pensar* que quase todas as pessoas têm percepções distorcidas de como as coisas são na realidade, uma vez que o cérebro humano é contaminado por expectativas e percepções irrealistas.

Ele concluiu que as falhas nos processos decisórios são regra, e não exceção. Por isso, normalmente criamos caminhos mentais falhos, que nos levam a tomadas de decisão baseadas em falsas premissas. O problema é que um roteiro inconscientemente equivocado nos leva a acreditar que nossas propostas são perfeitamente justas e que qualquer pessoa com bom senso as aceitariam facilmente.

Isso ocorre porque temos a ilusão de que os outros percebem a realidade da mesma forma que nós, o que, na maior parte dos casos, não é verdade. Tais ilusões causam transtornos, conflitos e impasses, prejudicando a obtenção de acordos mutuamente vantajosos.

Portanto, conhecer-se bem é uma variável fundamental em qualquer negociação, com a vantagem de que ela também poderá ser usada em vários aspectos de sua vida e, evidentemente, em negociações futuras, pois o investimento de tempo para conhecer-se não precisará ser repetido. É um "preço" que você só pagará uma vez.

Se souber o que seus instintos o induzirão a fazer, certamente saberá como controlá-los conforme necessário. Isso quer dizer que você precisará ser coerente com seu estilo, pois ninguém consegue manter um personagem por muito tempo, mas também precisará se adaptar às diferentes negociações, mantendo uma conduta confiável ao longo dos anos para adquirir credibilidade e respeito. O segredo é conhecer bem seus limites para manter a coerência e, ao mesmo tempo, ser flexível no que for justo.

Para diminuir os vieses ou filtros que distorcem a realidade, será fundamental fazer uma autoanálise detalhada antes de iniciar qualquer negociação importante.

Para isso, precisaremos relembrar o que você aprendeu e descobriu sobre si mesmo na Parte I.

1 – Qual a sua intensidade em cada estilo de negociação? (Recupere o resultado do teste das páginas 44 a 48.)

Competitivo _____
Cooperante _____
Impaciente _____
Perfeccionista _____
Sedutor _____

AUTOANÁLISE

Lembre-se de tomar cuidado com seu modelo mais extremo! Procure usar a parte boa e controlar a ruim, independentemente do contexto, e fique atento. Seu estilo mais intenso será sua maior força, no entanto, também pode ser sua maior fraqueza, pois será facilmente percebido e poderá deixá-lo em desvantagem se você não aprender a administrar seus instintos.

2 – Como agir em cada tipo de negociação?
Se for **acidental** (baixa importância no relacionamento e no resultado). Relaxe e use naturalmente seu estilo predominante, pois você tem pouco a perder ou a ganhar com as consequências dessa modalidade de negociação.

Se for **cooperativa** (alta no relacionamento e baixa no resultado). Independentemente de seu estilo (mesmo que seja uma pessoa supercompetitiva), quando ocorrer essa situação tenha mais foco no relacionamento de longo prazo que no resultado de curto prazo. Você poderá, em outras oportunidades, equilibrar melhor seus acordos.

Se for **equilibrada** (alta importância no relacionamento e no resultado). Tome cuidado redobrado, pois trata-se da negociação mais complexa e trabalhosa. Concentre-se, tendo em vista que você precisará preservar o relacionamento sem abrir mão de bons resultados. Com o passar do tempo, o nível de confiança mútua aumenta e fica mais fácil manter acordos equilibrados.

Se for **utilitária** (alta no resultado/baixa no relacionamento). Será uma ótima oportunidade de obter excelentes resultados (em especial para os que têm estilo cooperativo), sem ter de gastar energia para preservar os relacionamentos.

A conclusão é de que as negociações acidentais, cooperativas e utilitárias normalmente requerem relativamente pouca preparação, considerando que, na maioria dos casos, uma análise rápida será suficiente para que você se posicione da forma mais adequada.

As negociações equilibradas são as mais delicadas e demandarão uma análise mais profunda dos itens que veremos em seguida.

3 – Qual é a sua intensidade em cada motivador? (Recupere o resultado do teste das páginas 80 a 85.)
  Ganhar dinheiro _____
  Evitar perda _____
  Evitar incômodo _____
  Sentir prazer _____
  Obter reconhecimento _____
  Ser altruísta _____

4 – Quais são seus trunfos nesta negociação? (Alto/médio/baixo.)
  Expertise _____
  Credibilidade _____
  Poder _____
  Talento _____
  Padrões _____

5 – O que pode atrapalhar nesta negociação? (Portanto, precisará ser ajustado)
  ♦ Incoerência
  ♦ Prometer e não cumprir
  ♦ Despreparo

- Arrogância
- Falta de empatia
- Desequilíbrio emocional

6 – Qual é sua BATNA para esta negociação (alternativas)? Ela é forte, média ou fraca?

Com uma autoanálise bem-feita, ficará muito mais fácil e seguro definir os próximos passos.

Capítulo 8

Análise do outro lado

"O negociador inteligente demonstra a seu oponente que compreende os argumentos dele."

SAMUEL COLERIDGE

O prêmio Nobel de Economia de 2005 foi concedido a Robert Aumann e Thomas Schelling pela sua contribuição ao estudo da teoria dos jogos. O princípio básico dessa teoria é que, antes de iniciar qualquer negociação mais delicada, o jogador deveria se colocar no lugar de seu oponente e interpretar seu modo de pensar e agir. Assim, ele anteciparia as consequências das decisões alheias, utilizando tal informação para definir sua melhor opção em cada nova jogada ou a cada etapa da negociação a partir não só de sua estratégia, mas também na reação do outro. Isso ocorre, por exemplo, em um jogo de xadrez: para ganhar não basta ter uma estratégia fixa, mas sim ir utilizando as melhores opções baseado na reação do outro. O tempo gasto em estudar as motivações, necessidades e o estilo de seu oponente deve ser proporcional à importância da negociação.

Uma negociação acidental – como ceder ou não seu lugar em uma fila – requer poucos segundos de análise. Uma negociação cooperativa – como deixar um colega assumir o protagonismo em uma reunião – demanda poucos minutos de raciocínio, pois vocês já se conhecem bem e sua intenção será colaborar para reforçar ainda mais os laços que já têm. Uma negociação utilitária – como a venda de uma bicicleta que você usa pouco para alguém que conheceu no parque e está muito interessado – também será rápida. Seu grande empenho deverá ser dedicado às negociações equilibradas – como pedir um aumento de salário ou uma promoção para o chefe, pois você teria que convencê-lo que ele ganhará tanto quanto você ou até mais, dependendo da situação.

Ainda segundo a teoria dos jogos, um dos princípios básicos pelo qual o bom negociador deve se guiar é: para obter o que deseja no presente, é necessário prever o possível futuro sem deixar de analisar muito bem o passado. Para isso, é preciso antecipar o modo como o outro reagirá à sua proposta, bem como as maneiras pelas quais ajustará as concessões e o que pedirá em troca. Portanto, tão importante quanto conhecer-se muito bem, será analisar em detalhes a pessoa com quem vai negociar, principalmente em questões mais relevantes.

Para isso, levante a maior quantidade possível de informações a respeito de seu interlocutor.

- Qual é seu estilo predominante de negociar?
- Qual é seu principal motivador?
- Quais são seus trunfos mais intensos?
- Quais são suas principais fraquezas?
- Quais seriam as alternativas dele para a negociação (BATNA)?
- O que você tem para oferecer que possa realmente interessá-lo?

ANÁLISE DO OUTRO LADO

- O que é indispensável para ele nessa negociação específica?
- Ele tem poder para decidir ou precisa da aprovação de terceiros?

Compreender como funciona a lógica da outra pessoa aumenta, e muito, sua capacidade de negociar com ela. Muita gente se "esquece" de que seu interlocutor também tem interesses pessoais, muitas vezes contrários aos seus.

A negociação será sempre mais fácil se mostrarmos que nossa proposta também vai ao encontro do que o outro deseja. Por isso, é importantíssimo aprimorar a **habilidade de se colocar no lugar da outra pessoa**.

Essa análise o ajudará a compreender o que leva alguém a fazer coisas que você jamais faria, como passar o dia todo assistindo à televisão, se você odeia TV; fazer muitas operações estéticas, se você morre de medo de cirurgias; gastar o que não tem, se você for supereconômico, ou economizar sem precisar, se você gosta de gastar sem parcimônia. Ao estudar seu interlocutor, você se livra de surpresas e eleva sua perspectiva de obter um bom acordo, já que também sabe o que ele deseja.

Caso – "O cinema em casa"

Caio queria comprar uma televisão com tela de 70 polegadas. Foi a três grandes magazines e sentiu-se pessimamente atendido. Os vendedores, que só falavam em preço e desconto, mal sabiam usar o controle remoto, e quando ele perguntava sobre os detalhes técnicos diziam que apenas o especialista da marca poderia explicar com profundidade. O problema é que o tal *expert* só vinha uma vez por semana, e os vendedores o tratavam como se ele fosse um estorvo.

Depois, Caio foi, por indicação, a uma pequena loja especializada em áudio e vídeo. O atendimento mudou radicalmente, com o vendedor fazendo um verdadeiro questionário prático para só depois começar a indicar a melhor opção de aparelho e demais acessórios. Eis o resumo da conversa:

— Agora que já conheço seu estilo (perfeccionista), sua motivação (sentir prazer) e suas necessidades mais relevantes, vamos falar sobre os detalhes técnicos. Qual a distância entre seu sofá e a tela?

— Não tenho ideia, mas posso pedir que minha esposa meça — Poucos minutos depois, Caio respondeu: — É de cinco metros.

— Com 5 metros, uma televisão de 70 polegadas será muito grande e distorcerá a imagem. Deixe-me demonstrar aqui na loja... — o vendedor colocou uma televisão na distância indicada e demonstrou como seria o efeito.

— Incrível, realmente não ficou bom. Qual o tamanho de tela mais adequado?

— Sessenta polegadas será o ideal. Vamos ver como fica? – e o vendedor ajustou novamente a distância.

— Ficou ótimo!

— A propósito, antes de fazermos as contas, gostaria de mostrar a imagem com um cabo original e um cabo especial com o triplo do diâmetro.

O vendedor deixou uma televisão ao lado da outra com os diferentes cabos e Caio novamente ficou estupefato com a melhora da imagem.

— Incrível, realmente ficou muito mais impactante!

— Fico feliz que tenha percebido e gostado! Por último gostaria de mostrar a diferença entre o som normal da TV, que é ótimo, e nosso sistema com caixas especiais.

— Acho que não quero nem ouvir, pois não tenho espaço na sala.

— As caixas de som têm o tamanho de uma lata de refrigerante e ocupam um espaço insignificante. Posso demonstrar, sem compromisso?

O vendedor colocou uma sequência de cenas de filmes de ação (que Caio adora), com tiroteios, perseguição de carros, um avião decolando e um trem em alta velocidade. Mais uma vez, Caio ficou encantado.

— Puxa, adorei! O problema é que se eu comprar tudo isso o valor ficará mais que o dobro do que estipulei inicialmente. Acho melhor comprar um item a cada dois meses.

— O senhor tem razão quanto ao preço mais alto, contudo é um pacote tecnológico que o atenderá por, no mínimo, cinco anos. Além disso, ao comprar um item de cada vez, o senhor perderá a oportunidade de sentir imediatamente todo impacto de uma grande experiência.

— E quem faria a instalação?

— Eu teria o prazer de fazer, pessoalmente.

— Qual o desconto se eu pagar tudo à vista?

— Oito por cento.

— Tem tudo a pronta entrega?

O vendedor fechou um ótimo negócio e deixou Caio exultante, pois procurou saber exatamente o que ele precisava antes de começar a negociação da proposta, inclusive vendendo uma televisão menor e, portanto, mais barata. Além disso, percebeu que o cliente era perfeccionista, por isso fez questão de explicar tudo nos detalhes. Outro fator relevante foi identificar que seu motivador mais intenso era sentir prazer, o que lhe deu margem para fazer a venda de acessórios e deixar o cliente ainda mais satisfeito.

Quanto mais você conhecer seu interlocutor, maiores serão suas chances de obter melhores resultados.

Capítulo 9

Definição de metas

"O mundo abre passagem para quem sabe aonde está indo."

RALPH WALDO EMERSON

Ficamos muito mais seguros e confiantes quando temos convicção de que nossa proposta é justa para ambos os lados. Portanto, não chute! Suas metas não podem ser baseadas apenas no desejo ou em sua fé de que tudo dará certo. Elas precisam seguir um padrão de mercado, basear-se na lei da oferta e procura ou ter diferenciais importantes, pois seu oponente precisará ser convencido de que sua proposta vale a pena ser negociada.

Quanto mais tempo dedicar à coleta de informações que respaldem suas metas, maior será sua crença de que elas são legítimas e, por isso, alcançáveis. Como exercício será necessário analisar os dois extremos.

1 – O que você gostaria de conseguir como ideal (o resultado dos sonhos)?
2 – Qual é o mínimo aceitável para a negociação valer a pena?

A distância entre o ideal e o mínimo constitui sua margem de negociação, que, quanto mais ampla, maior flexibilidade lhe dará ao longo do processo.

Chamamos esses extremos de "ancoramento", ou seja, os limites de sua proposta.

Entrar em uma negociação ancorado lhe dará muito mais firmeza para conseguir o que quer – ou para ter segurança de desistir, caso o mínimo não seja alcançado.

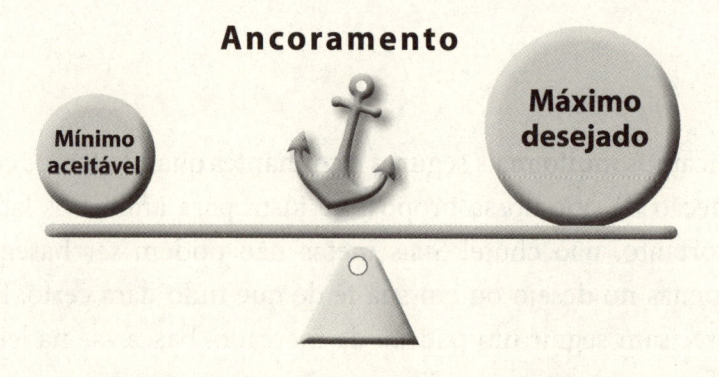

Ancoramento

Mínimo aceitável

Máximo desejado

Um erro muito comum é definir uma condição única, "pegue ou deixe", ou um valor fixo e insistir apenas nisso, parecendo ser radical e inviabilizando qualquer chance de sucesso. A postura "tudo ou nada" é muito arriscada, já que a outra parte pode se sentir ofendida com uma proposta extrema e desistir sem sequer contra-argumentar.

Caso – "Qual carro comprar?"

Jorge decidiu comprar um carro zero-quilômetro. Escolheu o modelo e a marca que mais o agradavam, verificou pela internet que o valor estava ao redor de 60 mil reais e que seu carro usado estava na faixa de 30 mil reais. Optou por uma concessionária credenciada por sentir mais segurança, já que os preços não variavam muito por ser um carro novo.

Ao chegar à revendedora, porém, começaram os problemas: havia três versões de motorização – 1.4; 1.6 e 2.0. Alguns modelos tinham direção hidráulica, teto solar, GPS, *airbags* para todos os tripulantes, ar-condicionado digital, cinco combinações de pintura e mais quatro tipos de acabamento para os bancos. Para deixar mais complicado, o modelo de entrada vinha com poucos acessórios, e o modelo mais completo custava quase 20 mil reais a mais do que o básico.

O pior ainda estava por vir: o carro usado de Jorge foi avaliado por apenas 18 mil reais, mas eles dariam 10% de desconto à vista na compra do modelo mais caro.

Conclusão: mesmo com os dados coletados da internet, ele ficou completamente perdido e sem referência.

Se ocorrer algo parecido com você, sugiro que volte para casa e responda às seguintes perguntas antes de tomar qualquer decisão.

- Você realmente precisa trocar de carro agora? Se sim, continue a análise...
- Qual é sua motivação de compra (ganhar dinheiro, evitar perda, evitar incômodo etc.)?
- Você tem recurso disponível para pagar à vista ou precisará financiar uma parte?
- Você teria tempo e paciência para vender seu carro antes de comprar o novo?

- Você estudou outras opções de marca que também o agradem?
- Quais opcionais de fato são importantes, e quais você não faz questão?
- Qual o valor máximo que aceitaria em uma troca do seu carro por um modelo mais caro?
- Você pensou na hipótese de comprar um modelo seminovo em vez de um zero-quilômetro?
- Você já testou (dirigiu) os modelos que mais o interessam?
- Quais são suas BATNAs (alternativas)?

Com essas respostas, você poderá ancorar o valor máximo aceitável e o mínimo ideal. Essa será sua margem de negociação e deverá ser levada em conta até o fechamento de qualquer negócio.

É claro que preparar seu ancoramento dará um pouco de trabalho, mas servirá de referência para todos os negócios relacionados a compras com valores mais altos que vier a fazer nos próximos anos.

Se você for o vendedor do carro, o raciocínio é exatamente o mesmo, mas precisará se colocar no lugar do cliente, fazendo as mesmas perguntas.

- Ele tem condições financeiras de comprar um carro zero-quilômetro?
- Qual é a motivação de compra do cliente (ganhar dinheiro, evitar perda etc.)?
- Quanto ele tem de dinheiro à vista ou para pagar a prazo?
- Ele estaria disposto a vender o carro usado para um particular, mesmo que demore um pouco mais?

DEFINIÇÃO DE METAS

- Ele estudou outras opções de marcas?
- Quais opcionais realmente interessam e quais ele não faz questão?
- Qual o valor máximo que ele aceitaria no carro usado em uma troca por um modelo mais caro?
- Ele aceitaria comprar um modelo seminovo?
- Ele poderia esperar algumas semanas ou tem urgência?
- Quais são as BATNAS (alternativas) do cliente e quais são as suas?

Com as respostas, você saberá ancorar o valor máximo que estaria disposto a pagar e o mínimo que valeria a pena para fazer negócio. Além disso, você poderá oferecer melhores opções, inclusive algumas que seu interlocutor não tenha percebido. Essa análise servirá de referência para todas as vendas que fizer, com a vantagem de que a cada nova negociação você estará mais bem preparado.

Caso – "Quanto devo cobrar?"

Muitos profissionais liberais são convidados para dar palestras em eventos e ficam em dúvida de como definir metas referentes à remuneração. Para simplificar, vamos analisar profissionais em três situações.

Profissional liberal iniciante (médico, jornalista, engenheiro, advogado, fisioterapeuta, administrador, gestor, programador, arquiteto etc.).

Luís foi convidado para se apresentar em um congresso em que ocorrem várias palestras simultâneas em salas para até cem pessoas. O evento é de bom nível, em uma capital do Nordeste, e os organizadores oferecem as passagens aéreas, alimentação e pernoite no hotel, mas nenhuma remuneração. Apesar de estar começando na carreira (cerca de cinco anos de experiência), ele domina o assunto e gostaria de fazer a palestra.

Luís concordaria em não receber honorários, porém gostaria de escolher o dia e o horário em que pudesse falar para o maior público possível. Como sua motivação é reconhecimento, sua meta mínima seria aceitar as condições estipuladas (pois tem interesse em divulgar seu trabalho), e a meta ideal seria falar na manhã do último dia do congresso, pois acredita que as pessoas lembrarão com mais facilidade dele.

Profissional liberal maduro
Simone foi convidada pelos organizadores do mesmo congresso para participar de uma mesa-redonda para cerca de quinhentas pessoas, junto a outros três especialistas, com uma remuneração de 5 mil reais, além de todas as despesas pagas. Apesar de não ser palestrante profissional, ela é uma especialista renomada e adora falar para grandes públicos.

Como sua motivação é sentir prazer, abriria mão dos honorários da mesa-redonda se pudesse também palestrar na sessão principal, para cerca de 1.500 pessoas. Então sua meta mínima seria aceitar as condições estipuladas, e o máximo desejado seria palestrar na plenária de abertura do congresso. Também gostaria que os organizadores bancassem sua inscrição no evento e mais três pernoites, pois, além de aproveitar o congresso, tiraria alguns dias para descansar.

Palestrante profissional
Valdir foi convidado pelo congresso para palestrar para 1.500 pessoas, em uma das plenárias, com remuneração de 20 mil reais, além de todas as despesas pagas. Ele conclui que será apenas mais um congresso, o que não acrescentará muito à sua já destacada carreira. Além disso, terá de voar seis horas até lá e sua agenda está quase lotada.

Como sua motivação é ganhar dinheiro, sua meta será cobrar 60 mil reais, que é seu cachê máximo, mas concordaria com um valor de 40 mil reais, e não aceitará nenhum valor abaixo.

O raciocínio para estipular a meta mínima aceitável e a máxima desejada vale para todas as negociações importantes que você realizar.

Capítulo 10

Estratégias de concessões

"Não é o mais forte que sobrevive. É o que melhor se adapta às mudanças."

CHARLES DARWIN

Agora que você já se conhece bem, analisou detalhadamente seu interlocutor e ancorou sua meta baseado em dados consistentes, está na hora de pensar no que pode valer a pena ceder à outra parte para facilitar o processo sem prejudicar seus ganhos.

Como vimos, distorcemos inconscientemente a realidade a nosso favor. Isso significa que nos achamos mais justos, honestos, trabalhadores, dedicados, inteligentes e, portanto, mais merecedores do que as outras pessoas. Na prática, criamos roteiros de negociações ideais, em que nosso oponente aceitará nossos argumentos e concordará com nossa percepção dos fatos.

O problema é que um roteiro irrealista nos leva a impasses e conflitos. Um bom acordo requer trocas, e qualquer negociação precisa considerar concessões mútuas. Se não estiver disposto a fazê-las, provavelmente o processo ficará travado.

Assim, estude com antecedência quais concessões está disposto a fazer, em que ordem, e quais serão as consequências de cada uma delas. Principalmente, leve em consideração que, quanto mais fortes forem suas BATNAs, menos concessões serão necessárias e vice-versa.

BATNA forte = Poucas concessões

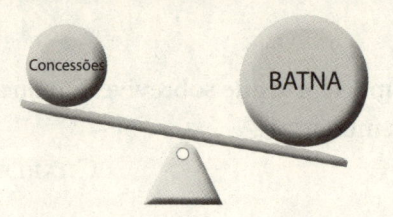

BATNA fraca = Muitas concessões

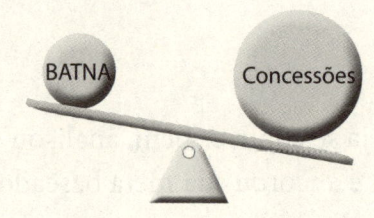

Quais estratégias de concessão funcionam melhor?

Sabemos que a maioria das pessoas prefere receber uma proposta "flexível" (ou seja, com margem para concessões mútuas) em vez de uma condição justa, mas fixa, do tipo "pegar ou largar". Por isso, tenha em mente que uma negociação ganha/ganha quase sempre pressupõe trocas e ajustes finos para que ambos se sintam satisfeitos com o resultado final.

Eis algumas sugestões sobre o assunto:

- Se estiver inseguro, tiver poucas informações ou uma BATNA fraca, peça para que a outra parte apresente ideias e argumentos em primeiro lugar. Isso lhe dará oportunidade e tempo para fazer ajustes em sua proposta antes que seu oponente a conheça.

ESTRATÉGIAS DE CONCESSÕES

- Se tiver uma BATNA forte, procure apresentar sua proposta primeiro, pois isso balizará a contraproposta em um patamar mais elevado, e toda negociação ficará ancorada em um contexto favorável a você.
- Seja justo e confiável. Espertezas e malandragens destroem a credibilidade e diminuem as chances de um bom acordo no presente, além de gerar muita desconfiança no futuro. As pessoas procuram se proteger ao perceber que seu oponente tenta manipulá-las ou prejudicá-las.
- Não conceda nada facilmente, pois, do contrário, a outra parte não valorizará o que recebeu e continuará pressionando por mais concessões. Tudo que vem sem esforço parece não ter valor e gera mais exigências.
- Não aumente as expectativas do outro, concedendo demais ou com muita rapidez. Quanto mais tarde seu interlocutor receber concessões, mais ele as valorizará. Ou seja, argumente sobre o valor e a importância de cada item que você está concedendo.
- Peça algo em troca de cada concessão que fizer. Isso manterá o jogo equilibrado, considerando que seu oponente saberá que para cada coisa que pedir precisará entregar outra como contrapartida. Se, por exemplo, você ceder duas vezes seguidas e outro apenas uma, isso poderá se tornar um padrão.
- Não tenha medo de manifestar firmeza quando tiver razão e argumentos. Se insistir em dizer não, a outra parte acreditará mais nele. Demonstrar indignação ou contrariedade (sempre com moderação nos gestos e palavras) a respeito de propostas absurdas ou injustas impõe limite à outra parte.
- Dinheiro não é a única moeda que interessa ao seu oponente. Como vimos, segurança, praticidade, prazer,

reconhecimento ou altruísmo podem ser mais importantes e, assim, utilizados caso a caso.

Caso – "O vendedor angustiado"

Fernando tem 30 anos e, depois de alguns empregos instáveis, trabalha como vendedor há três anos na mesma empresa. Ele está com uma grande dúvida. Recebeu uma proposta para ganhar mais na concorrência, mas gosta do emprego atual.

Como seu motivador mais forte é ganhar dinheiro, resolveu abrir o jogo para seu gerente, Marcel.

— Marcel, adoro trabalhar aqui, mas recebi uma proposta para ganhar 30% a mais em outro lugar, e como sonho em comprar meu primeiro imóvel, fiquei balançado com a perspectiva de obter este aumento. Estou muito dividido e, antes de aceitar, gostaria de abrir meu coração e me aconselhar com você.

— O que você mais gosta em nossa empresa, Fernando?

— Você é o chefe mais justo que tive, os produtos são ótimos e o ambiente é muito bom.

— Você analisou se terá tudo isso no outro emprego?

— Analisei o que foi possível e me pareceu bom. Você sabe que quero muito fazer meu pé-de-meia, e a proposta é muito atrativa.

— É provável que tenham oferecido uma comissão parecida com a nossa, mas uma área geograficamente maior, para que você tenha chance de vender mais, certo?

— Isso mesmo.

— Você está consciente de que terá de trabalhar quase o dobro para ganhar os 30% a mais?

ESTRATÉGIAS DE CONCESSÕES

— Estou consciente e não me importo de trabalhar dobrado.

— Você é nosso melhor vendedor, a direção admira muito seu trabalho, mas não posso aumentar suas comissões em 30%. Entretanto, temos uma vaga em aberto e, em vez de contratar outro vendedor, posso aumentar sua área de atuação, dando-lhe a chance de ganhar o equivalente à proposta recebida. Se você não conseguir vender o volume de duas pessoas em um ano, eu contrato outro e você volta a ter metade da área. Interessa?

— Interessa muito! Se eu puder continuar aqui, com oportunidade de ganhar mais, será o melhor dos mundos. Você não vai se arrepender.

— Aguarde até amanhã. Conversarei com a direção para fazer uma proposta definitiva, ok?

— Ok!

O gerente Marcel não podia aumentar o valor da comissão, para não criar precedente, porém foi criativo ao fazer uma concessão (que nem foi tão grande) com a finalidade de não perder seu melhor vendedor e, ao mesmo tempo, conseguir um acordo também favorável à empresa. Nesse caso, a BATNA de Fernando era mais forte, e Marcel precisou conceder primeiro, mas obteve comprometimento e motivação redobrada como contrapartida do subordinado.

Caso – "A festa de formatura"

Martin está negociando o jantar de formatura da sua turma de faculdade com o gerente comercial de um restaurante famoso. Como eles são organizados e profissionais, fazem um contrato com os itens acordados e uma proposta com todos os preços discriminados (quantidade de bebida, horários de início e fim, cardápio, número de garçons etc.).

Quando o estudante volta ao restaurante para negociar o contrato, propõe pagar à vista, trinta dias antes do evento, e em contrapartida solicita 10% de desconto. O gerente aceita, pois naquele mês o movimento está muito fraco e a festa será a única agendada naquela semana específica. Martin percebe que conseguiu o desconto com facilidade e aproveita a oportunidade para tentar conseguir mais concessões. Pede cinco pratos extras, e o funcionário topa na hora. O estudante se empolga e pede a prorrogação dos serviços por uma hora e também consegue. Como parece estar tudo muito fácil, continua pressionando o resignado gerente por mais concessões.

Agora, imagine outra situação. Logo que o estudante tenta a primeira concessão, o gerente pede um tempo para falar com o dono do restaurante, demora quinze minutos e faz uma contraproposta: concede 5% de desconto para pagamento à vista, e sessenta dias antes do jantar.

Martin fica chateado e tenta incluir mais cinco pratos além dos que constam no contrato. O gerente demora mais um tempo para analisar e diz que é possível, mas terá de retirar o desconto. Também tenta estender o tempo da festa, mas o gerente contrapõe um aumento proporcional do preço.

E se fosse com você? Continuaria pedindo concessões? Talvez o fizesse, mas saberia que o gerente pediria algo em troca de qualquer coisa extra que você solicitasse, neutralizando boa parte de seus ganhos iniciais.

ESTRATÉGIAS DE CONCESSÕES

Quando estiver do outro lado, faça o mesmo! Valorize cada concessão que fizer, não cedendo facilmente e pedindo algo em troca de cada item. Certamente seu interlocutor pensará duas vezes antes de pedir benefícios extras e valorizará o que você conceder.

Caso – "Onde passar os feriados?"

Em outubro, um casal com dois filhos pequenos começa a negociar o local em que passarão os feriados de fim de ano, o que quase sempre gera algum estresse, pois os interesses costumam ser divergentes.

— Vamos definir onde passar os feriados de dezembro?

— Vamos — respondeu com certa má vontade.

— Minha mãe alugou uma casa enorme na praia e nos convidou para passar o Natal e o Ano-Novo com toda a família. Pode ser?

— Este ano será a vez de passarmos com meus pais, no interior.

— Eu sei, mas lá as crianças ficam entediadas por não termos quase nada para fazer. Como estamos com o orçamento apertado, gastaríamos pouco ficando com eles na praia e os pequenos teriam diversão o dia todo, pois os primos estarão por lá. O que acha?

— Gosto de seus pais, mas você sabe que não tenho paciência para ficar tanto tempo com o restante de sua família. Proponho ficarmos do dia 23 ao dia 29 com eles, e a partir do dia 30 de dezembro ficamos cinco dias na casa dos meus pais, ok?

— Seria mais divertido ficar os dez dias na praia, mas você tem razão em querer visitá-los. Fechado!

A chance de acordo aumenta bastante quando as duas partes aceitam fazer concessões, o que contribui para manter um clima mais harmonioso.

Caso – "Cancele o meu contrato"

Há anos, Fernando usa a mesma operadora de telefonia (internet, TV a cabo e celular), e há pouco tempo constatou que está pagando uma tarifa anual que é quase o dobro da oferecida por outras concorrentes.

Ele ligou para a operadora, pediu para cancelar o serviço e imediatamente foi transferido para uma pessoa que tentou reverter a situação:

— Por que o senhor quer cancelar o serviço?

— Porque vocês estão me cobrando 50% a mais que a concorrência.

— Qual é a operadora que lhe ofereceu o desconto?

— É a operadora Y.

— Mas e se o serviço deles não for tão bom como o nosso? O senhor sabe que a velocidade de transmissão varia muito e nós garantimos a nossa por contrato.

— Eles também garantem, e tenho cinco vizinhos de prédio que trocaram sua operadora pela outra. Eles estão muito satisfeitos com o serviço e pagam a metade. Quero o cancelamento imediato.

— Verifiquei nos arquivos que o senhor é nosso cliente há oito anos, e por isso estou autorizado a fazer uma oferta incluindo telefone fixo e cinquenta canais extras de TV a cabo pelo mesmo valor que o senhor paga atualmente.

— Já tenho telefone fixo e não me interesso por canais de filmes. Por favor, cancele meu contrato.

— Aguarde alguns minutos que farei o procedimento. — Dois minutos depois... — Verifiquei com meu superior e podemos oferecer um desconto de 30% e uma velocidade de tráfego três vezes maior do que o senhor tem. Pode ser?

— Não. Vocês deveriam ter me oferecido antes. Quero cancelar.

— Pois não, aguarde na linha. — Mais alguns minutos...

— Insisti bastante e consegui os 50% de desconto que o senhor queria, mais os cinquenta canais e o triplo da velocidade. Podemos fechar?

— Eu fecho se vocês me concederem estas condições mais as transmissões de jogos do campeonato brasileiro de futebol.

Alguns minutos depois...

— Consegui aprovar seu pedido. Os jogos do campeonato, a velocidade tripla e em sua próxima fatura o senhor receberá um desconto de 50%. O senhor apenas precisará manter a fidelidade deste novo contrato pelos próximos doze meses. O senhor concorda?

— Agora concordo!

A cada seis meses, invisto duas ou três horas para pesquisar os valores de prestadores de serviço, como telefonia celular e fixa, TV a cabo, internet, cartões de crédito, taxas bancárias etc.

Na maioria das vezes, consigo descontos significativos que, somados, representam um valor considerável a cada ano. A maioria dos prestadores desse tipo de serviço tem "gordura", mas só fazem concessões para quem as cobra.

Lembre-se de que quanto mais poderosa for sua BATNA, menor será a necessidade de fazer concessões.

Capítulo 11

Gestão de conflitos: como lidar com pessoas difíceis

"Nunca discuta com uma pessoa grosseira. Ela vai levar vantagem por ter experiência em ser estúpida."

MARK TWAIN

É interessante observar que há algumas décadas acontecia menos conflitos nas empresas, e mesmo nas famílias, pois, por uma questão cultural, existiam poucos questionamentos. Era muito mais comum ouvir o mantra: "Manda quem pode, obedece quem tem juízo".

Quando comecei a trabalhar em uma multinacional, em meados dos anos 1980, havia sete níveis hierárquicos, do presidente ao chão de fábrica. Empresas maiores tinham mais de dez escalões. Em uma hierarquia rígida e com muitos níveis, o chefe determinava e o subordinado fazia sem questionar, ou seja, havia relativamente pouca negociação.

Nas relações familiares, não era muito diferente: os pais mandavam e os filhos obedeciam; os maridos eram os "chefes de família"; os ricos eram menos questionados; os professores eram reverenciados. Figuras de autoridade, como padres, militares e chefes políticos eram quase temidos.

Atualmente, a maioria dos chefes, pais, professores e gestores tem menos poder de impor algo goela abaixo. Essa mudança de paradigma aumentou muito a intensidade dos conflitos, pois as pessoas – mesmo crianças – querem ser convencidas, e não obrigadas a fazer algo.

Entretanto, convencer dá muito mais trabalho do que impor, e muita gente se sente perdida. O problema é que, sem perceber, as pessoas acabam criando impasses, pois vivem repetindo que "quando um não quer, dois não brigam". Não brigam, mas, ao se omitirem, não resolvem as desavenças.

Por isso, o ideal será entender que os problemas acontecem em grande parte por diferentes interpretações da mesma situação. Ainda que uma pessoa considerada gentil e atenciosa pode criar impasses por não conseguir defender adequadamente seu ponto de vista, evitando ou fugindo do problema, deixando-o sem solução.

Por isso, é impossível ignorar que quase toda negociação complexa é repleta de dificuldades, pois, se o outro lado não for persuadido de modo adequado, provavelmente não fará a parte que lhe cabe de boa vontade, gerando prejuízo para todos. Assim, é aconselhável pensar, antes que a negociação comece, em soluções alternativas para eventuais rupturas. Afinal, no calor das emoções, os instintos falam mais alto e o risco de desentendimentos aumenta.

Como já relatado, os negociadores eficazes conseguem enxergar o mundo do ponto de vista da outra parte. Isso significa que você precisará se preparar para lidar com todo tipo de pessoas, inclusive com aquelas que quase todo mundo evita negociar.

O interessante é que a maioria das pessoas difíceis não se dá conta do quão desagradáveis costumam ser.

Por isso, é muito importante que você conheça suas características – seja para evitá-las, seja para repensar seu próprio comportamento.

Características de pessoas difíceis

- Ignoram as necessidades alheias.
- Não fazem concessões.
- São egoístas.
- São agressivas.
- Intimidam os outros.
- São intolerantes.
- São muito impacientes.
- Não ouvem direito.
- São arbitrárias.
- Não aceitam críticas muito bem.
- Explodem por motivos banais.
- São incoerentes.
- São emocionalmente instáveis.
- São narcisistas.
- São melindrosas.
- Têm postura ameaçadora.

Obviamente, cada um tem suas peculiaridades, e mesmo pessoas difíceis são diferentes entre si, tendo algumas das características acima citadas mais intensas do que outras. O importante é se preparar previamente para lidar com elas, sem ficar intimidado ou ceder por receio, sob pressão, ou se omitindo de negociar por não ter argumentos que neutralizem os comportamentos desagradáveis.

Pessoas difíceis, entretanto, respeitam e até temem quem sabe se defender, pois elas sabem que às vezes têm muito a perder. A estratégia aqui é tentar equilibrar o jogo para que a negociação aconteça no campo racional, em que seus trunfos e alternativas possam fazer a diferença.

Quando a "guerra" é inevitável

No fim dos anos 1980, li um livro espetacular chamado *Marketing de guerra*, em que os autores Al Ries e Jack Trout apresentam táticas sobre como atuar em disputas corporativas – verdadeiras batalhas. Eles usaram como referência um tratado sobre estratégias de guerra chamado *On War*, escrito em 1832, pelo general prussiano Carl von Clausewitz.

A partir de então, passei a utilizar em meus treinamentos alguns dos conceitos desses autores para lidar com pessoas difíceis. Passados mais de trinta anos (ou quase duzentos anos da teoria original), os conceitos do livro continuam adequados ao contexto atual.

Segundo os autores, há quatro grandes estratégias que devem ser utilizadas nas "batalhas" ao lidar com gente difícil, conforme a situação.

1 – *Ataque frontal* (quando você for muito mais forte)

Von Clausewitz afirmava que, em um ataque frontal em campo aberto, a única certeza de vitória seria para quem tivesse a proporção de três para um em quantidade de homens e armamentos. Ou seja, o exército azul precisaria de novecentos homens para derrotar trezentos homens do exército vermelho e ainda se manter forte para outras batalhas.

Mesmo assim, o custo seria alto, tendo em vista que, para aniquilar trezentos homens do exército vermelho, o exército azul perderia cerca de trezentos de seus novecentos combatentes. É quase certo que exércitos com forças semelhantes – trezentos contra trezentos – terminariam a batalha destruídos.

Fazendo uma comparação mais direta, pergunto: quem seria o vencedor na disputa entre um rottweiler e um pitbull, com a mesma idade, saudáveis e com cerca de 40 quilos cada um?

Não se sabe, mas o vencedor sairia em condições tão ruins quanto o perdedor.

E a disputa de uma onça de 100 quilos com um cachorro feroz de 40 quilos? Certamente a onça ganharia, mas provavelmente só lutaria em último caso, pois mesmo vencendo sairia bastante machucada.

Faço essas comparações pouco usuais para concluir que o ataque frontal deveria ser sua última opção na gestão de conflitos. Além disso, você teria de estar em uma posição muito superior que a de seu oponente para vencer uma disputa e, mesmo assim, sairia com algumas sequelas físicas (se for uma briga braçal) ou emocional (se for uma negociação desgastante com um parente ou colega de trabalho).

Exemplos de situações extremas em que a pessoa poderia partir para um ataque frontal, seja por falta de opção, seja porque se sente na obrigação moral de agir dessa maneira:

- Um empresário denuncia abertamente um concorrente desleal que não paga impostos ao Fisco e oferece produtos similares aos dele, mas com preços abaixo do custo de mercado, praticamente inviabilizando seu negócio. Há algum risco de retaliação, mas como é uma questão de sobrevivência, valeria a pena pensar em atuar dessa maneira.

- Uma funcionária sofre assédio sexual reiteradamente por parte de um superior, inclusive com ameaças de demissão. Ela poderia gravar uma das investidas ou indicar uma testemunha para comprovar a situação. Empresas sérias não toleram essa prática e, nesse caso, seria importante se impor e ajudar a evitar que outras mulheres sejam afetadas por condutas semelhantes. Mesmo que a funcionária sinta medo de retaliação e machismo por parte de colegas, ela pode sempre exigir o cumprimento de seus direitos e um espaço de trabalho seguro.
- Um indivíduo rompe relações sociais com um parente desagradável, que, por exemplo, vive pedindo dinheiro emprestado, aparece embriagado em festas que não é convidado, faz negócios escusos, e assim por diante. Parte da família pode ficar melindrada, mas a pessoa se livra do chato.
- Quando um gestor flagra um subordinado ou colega divulgando informações sigilosas da empresa para um concorrente desleal. Além de demiti-lo por justa causa, pode promover um inquérito policial e processar criminalmente o transgressor. Dar publicidade ao fato pode servir de alerta para evitar novos casos semelhantes.

2 – *Defesa* (quando as forças são equivalentes)

Quando seu oponente é uma pessoa difícil, porém sua força é semelhante à dele, jamais faça um ataque frontal. Nesses casos, atuar na defesa significa mostrar suas armas, não para usá-las, mas para impor respeito. Essas situações costumam acontecer entre casais, colegas de trabalho com a mesma hierarquia, pessoas que frequentam a mesma turma, concorrentes diretos etc.

Alguns exemplos de como agir usando a estratégia de defesa.

Não deixe o cansaço interferir
A negociação já está acontecendo há horas e você percebe que seu oponente está ficando irritado e impaciente. Se o clima começar a ficar muito pesado, proponha uma pausa e evite riscos. Muitas vezes, uma parada para tomar um café, comer alguma coisa, ir ao banheiro ou dar um telefonema é suficiente para baixar a adrenalina e então voltar à negociação de maneira mais racional. Em alguns casos, por cansaço físico ou mental, aceitamos propostas ruins para nos livrarmos do desconforto de lidar com gente desagradável. Prepare-se para uma maratona e não desista no meio do caminho.

Neutralize a agressividade de seu oponente
Muitas vezes, pessoas difíceis tentam intimidar seus interlocutores fazendo gestos teatrais, gritando, usando palavrões ou ameaçando se retirar do ambiente. Procure não responder a agressões com outras agressões e mantenha a negociação no plano racional. Há pessoas que usam essa estratégia para tirar seu oponente do sério e baixam o nível por falta de argumentos. Não caia na armadilha de revidar. O ato de contra-atacar raramente traz progressos, quase sempre o levando a um campo de batalha onde ele está acostumado a lutar. Uma boa frase será: "Parece que você está muito nervoso! Se estiver com algum problema pessoal para resolver, avise-me que voltarei outro dia". Quando o outro perceber

que não consegue intimidá-lo, provavelmente mudará de comportamento e o tratará como semelhante.

Não ceda sob pressão

Se seu oponente perceber que você cede para evitar uma situação desagradável, sempre usará essa tática. Muitos vendedores pressionam com as famosas frases: "Tenho vários interessados, você tem cinco minutos para decidir", ou "Meu prazo para manter o desconto é até às 17h". No trabalho também é comum ouvir: "Você precisa me dizer agora se quer fazer parte do projeto ou desistir e perder esta grande oportunidade". Uma boa maneira de responder e neutralizar a pressão é dizer: "Você acaba de fazer a proposta e eu preciso de um tempo X para pensar. Caso não disponha desse tempo, fique à vontade para oferecer a outra pessoa". Na maioria dos casos, seu interlocutor recuará e pensará duas vezes antes de usar novamente essa estratégia com você.

Ignore propostas indecentes

Ao receber uma proposta absurda, fique em silêncio e olhe fixamente nos olhos de seu oponente. O silêncio será tão constrangedor que ele provavelmente vai se desculpar e refazer a argumentação. Parece difícil ficar calado diante de uma proposta fora da realidade, mas, com o tempo, perceberá que o silêncio é um antídoto poderoso contra gente sem noção.

Mantenha a frieza

Pessoas difíceis abusam da paciência de qualquer um. Por isso, antes de a situação ficar insuportável, imagine-se em uma sala de cinema, observando os personagens numa conversa desagradável. É preciso esfriar a cabeça e analisar a situação com objetividade, como se você fosse apenas um observador da cena, e não parte envolvida. Procure imaginar-se como um ator, e não sofra com os ataques que receber. Seu oponente ficará desconcertado com sua calma ou seu bom humor. Em vez de ficar furioso ou se vingar, concentre-se em conquistar o que quer. Lembre-se de que o rompimento é seu último recurso e só deve acontecer se a situação for realmente inaceitável.

3 – *Flanqueamento* **(quando você for um pouco mais fraco)**
Quem seria o vencedor na disputa entre um leão e um crocodilo, com pesos semelhantes? Você já deve saber a resposta: depende do contexto! Se for em terra, o leão ganha. Na água, o crocodilo leva a melhor. Isso quer dizer que você deve trazer seu oponente difícil para o terreno em que você leva vantagem.

Não se esqueça de que pessoas difíceis não estão acostumadas a medir as consequências das próprias ações. Portanto, é melhor que, com tato e habilidade, você a traga para o ambiente que domina e inverta o jogo. Algumas estratégias:

Busque pontos fracos
Seu oponente sempre terá pontos fracos ou flancos a serem explorados: pessoas vaidosas normalmente se desmancham quando recebem elogios; se for muito teimosa, peça "conselhos" a ela sobre como agir; se for perfeccionista, proponha que ela trace um roteiro detalhado de como seria o acordo ideal; se for muito indecisa, peça que descreva o que a faz ficar em dúvida ou insegura. Essas ações darão pistas de como entrar nas defesas de seu oponente, sem a necessidade de qualquer tipo de ataque ou de ameaça.

Não pressione demais

Se conseguir virar o jogo ao trazer seu oponente para um ambiente que você domina, não abuse. Exteriormente, algumas pessoas parecem concordar com tudo que você propõe, mas por dentro se sentem em desvantagem, e assim que saem da sua frente desistem do negócio sem dizer nada. Por isso, sempre procure deixar uma saída honrosa para o outro. Pergunte, por exemplo: "Parece que você está um pouco desapontado com minha proposta. Você gostaria de complementar algo?".

Pense em desistir

Do mesmo jeito que você entra em uma loja e, às vezes, não compra nada porque achou tudo muito caro, também pode tomar a decisão de não negociar mais com uma pessoa que você considere desagradável além do limite aceitável e com quem, ao mesmo tempo, não precise manter relacionamentos de longo prazo. Isso vale para aquele chefe medíocre, em um emprego ruim; um namorado muito ciumento, em uma relação já desgastada; um cliente grosseiro e que gera poucos resultados; um colega preguiçoso que vive pedindo favores e não dá nada em troca. É claro que não negociar terá um custo, mas muitas vezes vale a pena pular fora se a situação for insustentável.

Comece pelo mais fácil

Em negociações com pessoas muito exigentes, sempre haverá algum item do qual elas discordam radicalmente. Se insistir em resolver primeiro essa questão, a temperatura tenderá a aumentar. Sugira deixar o assunto causador de impasse para mais tarde e prossiga com a negociação, escolhendo os tópicos menos conflitantes ou em que há interesses comuns. Os assuntos mais delicados sempre devem ser deixados para o final, quando a chance de ruptura é menor – nesses momentos, ambas as partes já investiram muito tempo no processo e dificilmente tomarão decisões extremadas, pois sabem que precisariam começar tudo do zero.

Seja firme
Se você inverteu o jogo ao conseguir uma BATNA mais forte do que a de seu oponente e ele ainda não percebeu, deixe-a explícita. Muitas vezes, o outro é tão intransigente que não nota a mudança de situação e continua tentando exercer um poder que não tem mais. Ao perceber que um cliente tem muita urgência para receber determinado produto, e você, no momento, é a única opção, diga, por exemplo, que tem um prazo limitado para fechar a venda por aquele preço e que seu estoque está no fim – não é uma ameaça, apenas uma informação relevante. Ele provavelmente mudará a postura. Uma BATNA forte aumentará a flexibilidade de seu interlocutor para aquela situação específica, mesmo que, no âmbito geral, ele seja mais poderoso que você.

4 – *Guerrilha* (quando você for muito mais fraco)
Quando seu oponente tiver uma força muito maior do que a sua, você não poderá, em hipótese nenhuma, praticar um ataque frontal. É também improvável que consiga atuar na defesa, e tampouco conseguirá flanqueá-lo. Nesse caso, há duas opções: decidir que não vale a pena negociar em posição de extrema desvantagem ou usar a tática de guerrilha, que é a ação mais adequada para quem não se importa em lidar com gente poderosa e desagradável.

Releve

Imagine que um vendedor tenha um cliente que é grosseiro e desagradável com todo mundo, inclusive com ele. A maioria dos concorrentes evita visitá-lo e prefere não vender para não ter de ouvir reclamações a respeito de problemas que só ele vê, ou precisar dar uma atenção desproporcional que ele sempre exige. O vendedor que consegue ser suficientemente frio sabe que não é nada pessoal (ele é assim com todos), não se ofende com tanta inconveniência e acaba levando vantagem, pois é um dos poucos que têm estômago para atender um cliente tão complicado. Com isso, consegue fazer uma negociação utilitária, vendendo com uma margem mais alta, para compensar todo esforço e paciência extra.

Ganhe na insistência

Pessoas que trabalham em algumas empresas de telemarketing também usam a tática de guerrilha: ligam para cem potenciais clientes e estatisticamente são ignorados por 80%, ouvem xingamentos de cerca de 15%, mas conseguem ser ouvidos por 5%. No final de toda essa epopeia, conseguem vender o serviço ou produto para 1%, o que significa que seu objetivo foi alcançado. Obviamente será preciso muita resiliência e alta tolerância a frustrações para lidar todos os dias com essa situação e ainda ser bem-sucedido. É difícil, mas é possível, pois milhares de pessoas vivenciam essa realidade.

Não bata de frente

Se você for muito mais fraco, procure ficar no anonimato para não ser perseguido, mas use os meios de que dispõe. Muitas empresas têm ouvidorias que permitem denúncias anônimas. Prefeituras e ONGs possuem um serviço de "Disque

Denúncia" para que as pessoas possam fazer reclamações sem correr o risco de ser perseguidas pelo denunciado. Muita gente evita denunciar abusos ou fraudes diretamente e acabam se omitindo não por covardia, mas por risco real de retaliação.

Atue em áreas que não interessem ao mais forte
Se você é uma raposa, não tente competir com um urso. Cace coelhos e deixe os alces com ele. Não tente conquistar os clientes de um concorrente muito mais forte e poderoso que você. Procure, de início, atuar em áreas em que os clientes sejam pequenos ou muito distantes para interessar ao grandão. Em muitos casos, é melhor que seu concorrente nem saiba que você existe – até que tenha tamanho ou força para disputar mercado com ele.

Se você tem paciência e estômago de avestruz, pode se dar bem usando táticas de guerrilha.

Teste: Você é uma pessoa difícil?

Algumas pessoas, apesar de bem-sucedidas, têm personalidade forte: são vistas como difíceis de conviver e, pior ainda, de negociar. Veja abaixo um questionário para você avaliar, de forma bem-humorada – mas sincera – se é uma pessoa difícil ou fácil de lidar.

1. **Você conhece seus pontos fracos?**
    a. Não tenho pontos fracos.
    b. Não tenho certeza, mas desconfio de que sim.
    c. Sim, mas acho difícil mudar.
    d. Conheço e procuro administrá-los.

2. **Quando seu chefe aparece com algum problema sério e pede um voluntário para resolver, normalmente o que você faz?**
    a. Digo que o problema não é meu.
    b. Finjo que não ouvi.
    c. Se ele mandar, ajudo a resolver.
    d. Tomo a iniciativa e procuro resolver o problema.
3. **Como é sua network (rede de relacionamentos)?**
    a. Péssima. Acho isso perda de tempo.
    b. Regular, pois não levo jeito para relacionamentos.
    c. Boa, porém restrita a pessoas na área em que trabalho.
    d. Excelente. Conheço pessoas interessantes em várias áreas.
4. **Com qual frequência você ajuda seus colegas, vizinhos ou conhecidos?**
    a. Quase nunca (não sou pago para isso).
    b. Quando preciso de ajuda também.
    c. Quando me pedem.
    d. O tempo todo.
5. **Quão solidário você é?**
    a. Pouco, não vale a pena se matar por ninguém.
    b. Na média.
    c. Acima da média.
    d. Muito acima da média.
6. **Como é sua tolerância com pessoas inexperientes?**
    a. Tolerância zero.
    b. Acho que na média (mas não tenho certeza).
    c. Acima da média (mas não tenho certeza).
    d. Acima da média (com certeza absoluta).

7. **Com que frequência você é convidado para eventos sociais?**
   a. Nunca e dou graças a Deus.
   b. Poucas vezes.
   c. Muitas vezes.
   d. Sempre.

8. **Como é seu humor no dia a dia?**
   a. Péssimo. Não sou pago para ser engraçado.
   b. Variável.
   c. Normalmente bom.
   d. Ótimo.

9. **O que as pessoas costumam comentar a respeito do seu estilo de resolver problemas?**
   a. Que sou grosseiro (mas é tudo gente invejosa).
   b. Pensando bem, comentam pouco.
   c. Dizem que sou duro, mas justo.
   d. Dizem que é ótimo (mas não estou satisfeito).

10. **Com que frequência você é convidado a trabalhar em outras empresas?**
    a. Nunca.
    b. Raramente.
    c. Recebo algumas sondagens, mas nada concreto.
    d. Recebo propostas tentadoras com alguma frequência.

Obviamente, você percebeu que não há "pegadinhas" e que o questionário depende de sua sinceridade para que surja um diagnóstico realista.

Pontos por alternativas:
a. 1 ponto.
b. 4 pontos.
c. 7 pontos.
d. 10 pontos.

10 a 30 pontos – **Você é insuportável!**
É provável que as pessoas evitem ao máximo negociar com você, o que terá um custo em longo prazo. Você não precisa ser supersimpático, porém procure melhorar suas atitudes no dia a dia. Caso contrário, terá uma forte tendência a ficar isolado.

31 a 60 pontos – **Você é uma pessoa difícil de lidar.**
As pessoas não se sentem muito à vontade com você. Procure conversar mais e – se for o caso – explique que, na verdade, você é exigente, mas procura ser justo.

61 a 80 pontos – **Você é uma pessoa relativamente fácil de lidar.**
Você está bem-adaptado ao seu ambiente pessoal e profissional. As pessoas provavelmente se sentem à vontade para negociar com você.

81 a 100 pontos – **Você é uma pessoa muito carismática.**
Seja qual for sua atividade, você deve ser muito bom em lidar com pessoas. Apenas tome muito cuidado para não colocar os interesses alheios acima dos seus com muita frequência.

Com isso, finalizamos a **preparação**. Chegou a hora de, finalmente, partir para a **ação,** a terceira e última parte do livro.

Parte III

AÇÃO: Como agir quando estiver frente a frente com seu interlocutor

"Não há força sem habilidade. O maior orador do mundo é o triunfo."
NAPOLEÃO BONAPARTE

Agora que você já conhece as seis bases de qualquer negociação e os cinco passos para se preparar bem, chegou a hora de usar todo esse arsenal para obter excelentes acordos.

Ou seja, você já terá informações relevantes antes de começar a negociar diretamente com seu interlocutor, o que será uma enorme vantagem estratégica, já que a maioria não tem um roteiro claro a ser seguido.

Pessoas preparadas impõem respeito, demonstram autoridade e quase sempre obtêm melhores resultados.

Na ação, você terá uma sequência de mais cinco capítulos. Vamos a eles.

Capítulo 12

Crie vínculo

> "Preferimos dizer sim aos pedidos de quem gostamos."
>
> ROBERT CIALDINI

É normal que, ao iniciar uma negociação relevante, as pessoas fiquem tensas e desconfiadas, principalmente se for o primeiro contato entre elas. A fase de vínculo tem o objetivo de criar um clima amistoso, aumentar a confiança e quebrar o gelo. Procure conversar sobre *hobbies*, família, viagens ou qualquer assunto que seja de interesse mútuo. Conforme as pessoas relaxam, perdem o receio, diminuem as barreiras e atenuam as desconfianças. Para facilitar o vínculo, analise (previamente, se possível), informações relevantes como o estilo do negociador, seu histórico profissional, seus hábitos pessoais e tudo mais que estiver disponível (as mídias sociais são um verdadeiro garimpo de informações). Isso feito, nos primeiros segundos, procure manter um ritmo e tom de voz compatível com o dele. Falar muito mais alto (ou muito mais baixo) ou muito mais rápido (ou muito mais devagar) que a outra pessoa tende a causar certo distanciamento.

É importante compreender que, com sua neuroplasticidade (habilidade natural do cérebro de se moldar a diferentes situações), você já tende a se adaptar a qualquer pessoa, quase sem perceber. Se prestar atenção e treinar de modo consciente e deliberado, essa aproximação será cada vez mais sutil e eficaz.

Mesmo quem nunca participou de um treinamento na área comportamental provavelmente já usa essa habilidade para se aproximar, psicologicamente, de outros indivíduos. Essa capacidade se deve a células especiais chamadas neurônios-espelhos. Essas células não agem apenas no momento em que o indivíduo realiza determinada ação, mas também quando observa alguém fazer algo. A descoberta desse mecanismo indica que imitamos mentalmente aquilo que vemos alguém fazer. Sua compreensão facilita a empatia, que pode ser aprimorada mediante uma análise mais detalhada das pessoas com as quais lidamos.

Como criar vínculo com uma pessoa competitiva?

Jogue iscas. Os competitivos disputam tudo o tempo todo e odeiam perder. Portanto, não demonstre agressividade logo no início, principalmente se tiver uma BATNA forte. Se alguém desse perfil perceber que você é uma ameaça, tenderá a se fechar ou a partir para o tudo ou nada. Por isso, lance pequenas concessões e peça outras em troca. Esse estilo é o mais difícil de negociar, mas, à medida que você aumenta o vínculo, ele tenderá a ser um pouco mais flexível, principalmente se perceber que pode ter algum ganho neste acordo.

Como criar vínculo com uma pessoa cooperante?

Seja gentil. Os cooperantes são os que menos dizem não e quase nunca entram em conflito, mas, em compensação, são os mais indecisos. Por isso, quando se sentem pressionados, pedem um tempo para pensar e, com frequência, desaparecem ou enrolam, pois têm dificuldade em dizer o que realmente querem ou se não gostaram de algum ponto específico de sua abordagem. Esse comportamento passivo pode lhe custar muito caro se você não conseguir baixar a desconfiança do outro. A pessoa cooperante apenas abrirá o jogo se confiar em você. Por isso, seja afável, não pressione e tente deixá-la o mais à vontade possível, inclusive para criticar algo.

Como criar vínculo com uma pessoa impaciente?

Seja muito objetivo. Pessoas impacientes são ansiosas e se desconcentram com muita facilidade se o assunto não for de seu interesse. Não considere sua impaciência como algo negativo, pois eles são assim com quase todos. Mostre que pode resolver as coisas de forma ágil; seja rápido, seguro e demonstre saber que seu interlocutor tem pouco tempo disponível.

Quanto maior sua objetividade, melhor será o vínculo emocional com seu interlocutor acelerado. Uma boa frase na abertura da conversa será: "Sei o quanto você valoriza seu tempo, portanto serei bastante objetivo!".

Como criar vínculo com uma pessoa perfeccionista?

Demonstre organização. Procure apresentar informações por escrito e detalhe os assuntos o máximo que puder. O ideal seria enviar a pauta do que será negociado com antecedência, principalmente se a negociação demandar a leitura de relatórios mais longos ou informações técnicas complexas.

Quando ele estiver falando, evite interromper e tenha paciência. Dê tempo para que pense e evite pressioná-lo por respostas rápidas. Quanto mais formal e organizado você for, mais à vontade seu interlocutor ficará – consequentemente, maior será a confiança no que você argumenta.

Como criar vínculo com uma pessoa sedutora?

Aproxime-se. Os sedutores são os mais fáceis de criar vínculo, pois naturalmente deixam o interlocutor à vontade. Portanto, não se preocupe em dar informações técnicas, principalmente no início da conversa, pois isso poderá entediá-lo. Deixe os aspectos formais para o final da negociação.

Quando estiver falando, concorde com suas ideias e, se possível, complemente seus argumentos com bom humor. Procure demonstrar afeição e leve a conversa para o lado pessoal, pois o calor humano é o ponto mais forte em sua personalidade.

Em todos os casos, mas principalmente com pessoas mais introvertidas, se você conseguir se aproximar emocionalmente nos primeiros cinco minutos de conversa, o outro tenderá a se abrir um pouco mais, pois também passará, inconscientemente, a confiar em pessoas semelhantes a ele. Quando assuntos de interesse mútuo como *hobbies* ou família começarem a prevalecer, entenda que seu interlocutor (e até você) se esqueceu momentaneamente de que está ali para negociar algo – o que será ótimo, pois quanto maiores forem as afinidades, mais fácil será retomar a negociação a partir de um ponto mais favorável a ambos.

Quando perceber que a conversa está agradável e que a confiança predomina, será o momento oportuno de fazer perguntas para colher novas informações ou confirmar aquilo que você já imaginava.

Capítulo 13

Faça perguntas e ouça com atenção

> "Sempre vejo anunciados cursos de oratória, nunca vi anunciado curso de escutatória. Todo mundo quer aprender a falar... Ninguém quer aprender a ouvir."
>
> Rubem Alves

Quando a pessoa domina e gosta de um determinado assunto, normalmente fica tão concentrada no que vai dizer que nem presta atenção no outro, que também está ansioso para falar e também não escuta o que você diz. Parece um diálogo entre pessoas falando idiomas diferentes, mas que igualmente não dominam.

Portanto, não se afobe. Aproveite o vínculo que criou anteriormente e use uma das técnicas mais poderosas de qualquer negociação: **ofereça um palco ao seu interlocutor**. Em outras palavras, faça perguntas e deixe-o se sentir como a atração principal de um evento, ouvindo-o com sincero interesse. Escutar com atenção é a concessão mais barata que você pode fazer e, além disso, lhe dará muitas informações adicionais.

Se seu interlocutor estiver irritado, ouça seu desabafo e não o interrompa, mesmo que esteja equivocado. Ao contrário, pergunte por que ele se sente assim. As pessoas ficam aliviadas ao verbalizar seus ressentimentos (na maioria dos casos, eles nada têm a ver com você). Além disso, apenas perguntar não o compromete com nada, apenas colabora para que a pessoa se abra mais livremente.

Lembre-se sempre: os melhores negociadores perguntam mais do que afirmam e ouvem mais do que falam.

Quando perceber que o desabafo acabou, ou que seu interlocutor terminou a "apresentação do show" (ele ficará em dívida por sua paciência), comece a perguntar sobre os assuntos que lhe interessam, como a lucratividade atual da empresa, quem são seus principais fornecedores, o que mais o interessa no momento, e assim por diante.

O objetivo será confirmar, por meio de perguntas abertas, se as necessidades, expectativas e motivações que você analisou na fase da preparação estão corretas.

Diga por que quer fazer perguntas, pois, se não souber o motivo, a outra pessoa poderá ficar desconfiada e se fechar, privando-o de informações importantes. "Fulano, agora que nos conhecemos melhor, gostaria de fazer algumas perguntas relacionadas à nossa negociação – não por curiosidade indevida, mas para entender como melhor resolver seu problema."

Use sempre perguntas abertas, que comecem com: Quem?, Como?, Quê?, Qual?, Onde?, Por quê?, Quando? e Quanto?

Use a expressão "Conte-me mais..." quando a pessoa aprofundar pouco a resposta. Assuma, nessa etapa, a postura de ouvinte. Quanto mais escutar, mais informações terá e menores serão as possibilidades de conflito pela divergência de pontos de vista.

A seguir, você verá seis casos de situações difíceis que podem ser atenuadas com um bom vínculo e perguntas habilidosas. A conclusão dos casos será apresentada no decorrer dos próximos capítulos.

Caso – "Gerente tenta fazer uma primeira venda para um grande agricultor"

AgroCell é uma empresa que trabalha com comercialização de sementes, adubos, micronutrientes, defensivos químicos e serviços de assistência técnica para agricultores. É muito bem-sucedida, tem várias unidades e acaba de inaugurar uma filial em uma região onde outros concorrentes já estão estabelecidos há anos.

Os agricultores da nova área estão acostumados a negociar com os mesmos vendedores e são bastante desconfiados de novos fornecedores de insumos. A AgroCell enviou Carlos, seu melhor gerente, para liderar a unidade, e uma de suas prioridades é fazer uma venda significativa para o maior agricultor da região – um formador de opinião.

Depois de muito empenho, Carlos conseguiu agendar uma conversa com Nestor, o cliente em questão. O gestor conversou com muita gente da região, e descobriu que Nestor tem o estilo **competitivo**; seu motivador é **ganhar dinheiro**; e seus trunfos, **poder** e **grande credibilidade**, mas também é **agressivo** e **intolerante**. Sua **BATNA** é forte, pois Nestor tem várias opções de fornecedores.

Carlos também descobriu que o agricultor adora pescar e, para quebrar o gelo e facilitar a criação de vínculo, estudou tudo o que podia sobre o assunto. O bate-papo inicial foi sobre pesca, e, quanto mais Carlos perguntava, maior a empolgação de Nestor em contar as opções de fisgar peixes das mais variadas espécies, em diferentes regiões, com toda parafernália de equipamentos. Depois de cerca de meia hora de conversa sobre pescaria e outros assuntos que nada tinham a ver com a negociação em si, o cliente foi direto ao ponto:

— Já percebi que você é boa gente e sua empresa é séria, mas estou muito satisfeito com meus atuais fornecedores e já fiz praticamente todos os pedidos.

Carlos, então, aproveitando o vínculo recém-criado, emendou:

— Ok! Mas para aproveitar que já estamos aqui, posso fazer algumas rápidas perguntas para saber se, no futuro, terei alguma chance?

— Pode, mas aviso que não pretendo comprar nada de novos fornecedores neste ano, e tenho outro compromisso em seguida.

— Ok, serei breve. Quantos hectares o senhor plantará nesta safra?

— Três mil hectares de soja e mil hectares de milho.

— De quem o senhor compra os insumos?

— Compro das três maiores revendas da região, que têm os melhores produtos e serviços. Como pago à vista, aperto cada um deles ao limite e compro a opção mais barata. Com isso, divido as compras e não fico dependendo de ninguém.

— Que tal conhecer minha linha de produtos e ter um quarto fornecedor?

— Não me interessa, pois já sei que vocês têm preços no mínimo 10% acima do deles, não dão descontos e ainda querem que o cliente pague pela assistência técnica que oferecem.

— Entendo. O que é mais importante em seu negócio?

— O que me torna forte para negociar e continuar crescendo é o maior lucro da minha atividade, e isso eu só consigo tendo fornecedores que me deem muitos descontos.

— Quanto o senhor costuma lucrar?

> — O equivalente a dez sacos de soja por hectare, por safra.
> — E se eu o ajudar a conseguir um lucro de doze sacos (20% mais) gastando apenas 10% a mais?
> — Não acredito em milagres!
> — E se eu provar o que estou dizendo?
> — Isso parece conversa de vendedor de terreno na Lua. Como você provaria?
> — O senhor tem toda razão de desconfiar. Deixe-me mostrar alguns números...

O negócio não está fechado, mas o agricultor, antes totalmente resistente, já deu abertura e ficou curioso para ouvir uma proposta! Agora, Carlos tem as informações mais importantes para formular uma estratégia que atenda a necessidade de lucro de Nestor, mas permita que ele também consiga uma boa rentabilidade para sua empresa, e, principalmente, que conquiste um formador de opinião que, se bem atendido, abriria a possibilidade de muitos outros negócios.

Continuaremos o caso (assim como os outros que virão a seguir nos próximos capítulos).

Caso – "Síndico tenta convencer condômino resistente"

Para melhorar a segurança, Adão, o síndico de um condomínio fechado composto por cinquenta casas, contratou uma empresa especializada para propor melhorias no sistema atual, que parece muito vulnerável a invasões.

A empresa propôs mudanças simples e com um custo que a maioria dos condôminos aceitaria pagar. O problema é que a proposta seria aumentar a área da guarita de entrada e fazer um muro mais alto, invadindo em alguns metros o terreno de um morador que é considerado uma pessoa muito difícil de conviver. Ele tem estilo **perfeccionista**, seu motivador é **evitar perdas** e seu maior trunfo é o **poder** de veto, portanto, tem uma **BATNA** forte. Ele já havia criado conflitos com outros moradores e seu maior ponto limitante é o desequilíbrio emocional.

O síndico se preparou para a conversa, e ciente das dificuldades que enfrentaria, procurou falar sobre assuntos amenos e, principalmente, perguntar muito e falar pouco para não criar resistência no início da negociação.

— Bom dia, senhor Arnaldo, como vão as netinhas? — A resposta demorou mais de dez minutos, pois ele adora falar sobre elas. Esse pequeno quebra-gelo criou um clima positivo, e Adão começou a abordar o assunto que também seria do interesse do condômino.

— O que o senhor acha da segurança do condomínio?

— Acho vergonhosa.

— Por quais motivos?

— Os muros são muito baixos, os porteiros são despreparados, a comunicação é péssima, não há controle rigoroso da entrada de visitantes e, para piorar, como a minha casa é a primeira, não tenho nenhuma privacidade.

— O que o senhor sugere?

— Aquilo que já falei em várias reuniões: erguer um muro alto, mandar embora todos esses funcionários incompetentes e contratar uma empresa de vigilância. Os outros moradores dizem que é muito caro e preferem correr o risco de esperar

FAÇA PERGUNTAS E OUÇA COM ATENÇÃO

por alguma tragédia antes de fazer algo a respeito. Eu acabei discutindo com vários deles e agora me recuso a participar de qualquer outra reunião.

— De fato, contratar vigilantes é muito caro e fazer um muro perto da calçada é proibido pela prefeitura. Que outras sugestões o senhor teria?

— Não sou especialista em segurança...

— O senhor se sentiria confortável em conversar com um especialista para receber sugestões de melhorias? Eu preciso do aconselhamento de pessoas exigentes como você antes de propor qualquer mudança.

— Desde que me ouçam, posso conversar com alguém que entenda do assunto.

— Qual o melhor horário para eu agendar uma conversa entre um especialista e o senhor?

O síndico nem tocou no assunto do terreno a ser ocupado, pois poderia criar um impasse, logo de início. Conseguiu, no entanto, agendar uma reunião com quem fez o projeto, e orientou a pessoa a convencer o morador dos ganhos em segurança caso ele aceitasse ceder uma pequena parte de seu terreno para as obras de melhoria.

Caso – "Sócia quer romper a sociedade"

Marta e Joel se conheceram durante o curso de Engenharia Civil e são sócios em uma pequena construtora há cerca de cinco anos. No último ano da faculdade, conseguiram um empréstimo e começaram a construir casas populares para revender. O negócio cresceu e, atualmente, além das casas eles compram terrenos e constroem pequenos prédios comerciais.

O negócio é rentável, mas Marta avalia que Joel é pouco ambicioso, trabalha menos que ela e faz alguns negócios que geram prejuízo. Marta gostaria de comprar a parte de Joel, porém não teria capital para tanto. Também não gostaria de magoá-lo, pois o tem como amigo.

Ela agendou uma conversa para falar sobre o futuro e se preparou para lidar com alguém que ela já conhece bem: Joel tem estilo **cooperante**, seu principal motivador é **evitar incômodo** e seu maior trunfo é **ser sócio de 50% do negócio**. Sua **BATNA** é média, pois ele tem medo de a empresa falir, o que o faz pensar em vender sua participação. O maior problema é que, apesar de ser cordato, tem muita dificuldade em decidir sair, pois está em uma situação relativamente cômoda. Com isso, não toma nenhuma iniciativa e prefere deixar as coisas como estão.

Marta começou a abordagem com a seguinte pergunta:

— Joel, você está feliz com nosso negócio?

— Para falar a verdade, Marta, já estive mais motivado.

— Fale mais a respeito...

— É que, no começo, tudo era novidade. Começamos do zero, aprendemos muito, criamos uma metodologia inovadora, deixamos muitos clientes satisfeitos, mas agora as coisas estão difíceis. A crise econômica diminuiu a procura, e acho que trabalhamos demais para compensar o aumento dos custos.

— Entendo. E como você vê o futuro do nosso negócio?

— Acho que deveríamos diminuir o ritmo até a economia melhorar.

— Realmente está mais difícil. No entanto, como pagaríamos nossas dívidas se diminuíssemos o ritmo?

— Isso está me tirando o sono, pois, apesar de crescermos todos os anos, temos um prédio para terminar e ainda não vendemos nem metade das cotas. Além disso, tenho trabalhado quase como mestre de obras, praticamente sem folga para dar atenção à família.

— O que você gostaria de fazer para se sentir mais confortável?

— Gostaria de trabalhar em horários definidos e ter mais qualidade de vida. O problema é que você gostaria de expandir o negócio e eu não tenho essa ambição no momento.

— Joel, agradeço sua sinceridade por dividir suas angústias. Você me autoriza a buscar algumas opções de negócio com terceiros?

— Sim, Marta. Fico aliviado em ter sua compreensão, mas não quero ser pressionado para tomar decisões radicais.

— Fique tranquilo. Vou buscar uma solução equilibrada.

Marta ainda não fechou nada, mas conseguiu o que precisava para começar a construir uma proposta que satisfaça a ambos: uma saída honrosa para Joel e as condições para que ela toque a empresa com mais dinamismo.

Caso – "Mãe tenta motivar o filho adolescente a estudar mais"

Rodrigo tem 14 anos e grande potencial para se tornar um ótimo jogador de vôlei. Além de todos os atributos físicos – altura, explosão muscular e impulsão –, adora treinar. Ele tem um estilo **competitivo**, seu motivador nesse caso é **sentir prazer**, seu maior limitante é que não gosta de estudar **(despreparo)**, e sua **BATNA é fraca**, pois passou de ano por pouco. A coordenação do colégio, apesar de tê-lo como bolsista esportivo, já avisou aos pais que há risco de reprovação se ele não se dedicar mais aos estudos.

O pai quer dar um castigo mais drástico, proibindo-o de jogar por alguns meses, e a mãe está tentando intermediar um acordo menos radical com o adolescente.

— Meu filho, vamos fazer um balanço de como foi seu ano?

— Sim, mãe... — respondeu com certa relutância.

— O que foi mais positivo?

— Tomei gosto de vez pelo vôlei! Não faltei a nenhum treino, joguei todas as partidas do campeonato municipal, fui eleito capitão do time e considerado o melhor jogador do colégio. Além disso, passei na média em Biologia, Geografia e História.

— O que não foi bom?

— Quase reprovei em Matemática, Português e Inglês. Acho essas matérias muito chatas e, como a senhora sabe, não gosto muito de estudar. Além disso, perdi muitas aulas porque estava cansado.

— Você sabe qual é a política de esportes do colégio para quem é reprovado?

— Sei. Eles não permitem que o aluno faça parte dos times oficiais.

— O que você acha disso?

— Acho injusto, pois uma coisa não tem nada a ver com a outra. O mundo está cheio de ótimos atletas que foram péssimos alunos, e eu nem sou tão ruim assim.

— O que você gostaria de fazer neste ano?

— Acho que eu deveria mudar para um colégio menos exigente e que permita que eu treine por mais tempo.

— Como você acha que eu e seu pai nos sentimos a respeito disso?

— Acho que não concordam.

— Não mesmo, mas veja por outro lado: como é o time do colégio?

— É o melhor da cidade, e a partir do ano que vem fará excursões para participarmos de campeonatos em outros estados.

— Você acha que seria vantagem mudar para um colégio mais fraco e com um time medíocre?

— Acho que não muito, mas eu poderia jogar em outro time da cidade.

— Seria péssimo, pois perderíamos a bolsa de estudos e não poderíamos arcar com essa despesa em outro colégio. Você está disposto a estudar em um colégio público ou trabalhar meio período para pagar o novo colégio e as despesas de viagem?

— Mas eu não teria tempo de treinar!

— Pois então, meu filho... Não temos condições financeiras de bancar seus estudos, clube para treino, viagens etc. Gostaria que você pensasse em tudo isso durante a semana e no domingo nos apresente sugestões sobre seu futuro, ok?

Em vez de bater de frente com o adolescente – como queria o pai, ameaçando-o –, a mãe inverteu o jogo e pediu uma proposta ao filho. Como ele não tem muita saída, será mais fácil negociar um bom termo para ambos.

Caso – "Empresário tenta manter funcionária exemplar"

Márcia é arquiteta e tem cerca de dez anos de experiência em projetos personalizados. Trabalha há três anos em uma loja de móveis planejados e tem se destacado como uma vendedora impecável. Seu estilo é o **sedutor**; sua principal motivação é o **reconhecimento**; seu principal trunfo é que ela possui **talento** para lidar com clientes difíceis; e o principal problema é que **não está conseguindo conciliar o trabalho** com a vida familiar, pois tem dois filhos pequenos e o marido viaja muito a negócios. Sua **BATNA é fraca** (poucas alternativas) e ela está exausta e desmotivada.

Márcia pediu demissão, e Jofre, o proprietário da loja, não se conforma em perder uma colaboradora tão competente. Depois de alguns dias pensando em alternativas, o empresário teve o seguinte diálogo:

— Então, Márcia, pensou melhor na situação?

— Sim, Jofre. Estou fisicamente e mentalmente esgotada. É melhor sair antes que meu desempenho caia.

— Tirando o cansaço, o que você acha de trabalhar conosco?

— Eu adoro! Levo jeito para entender as necessidades dos clientes e consigo colocar a maioria dos desejos deles nos projetos.

— O que mais você vê de positivo?

— Tenho liberdade, recebo em dia, a loja é linda, a equipe de montagem é impecável e, principalmente, estou com a autoestima no auge, por ter minha competência reconhecida por você e tantos clientes importantes.

— Percebo que você valoriza muito ser reconhecida, e mesmo os clientes mais exigentes adoram seu trabalho. Não sentirá falta de todo esse calor humano?
— Sentirei muita falta, e isso também me angustia.
— E a remuneração?
— É ótima, mas não é o que mais me preocupa no momento.
— O que mais aflige você?
— Preciso dedicar mais tempo para cuidar de meus filhos, que têm 2 e 4 anos. Meu marido viaja muito e, como não temos parentes na cidade, fica muito difícil conciliar o trabalho com o cuidado que as crianças demandam.
— E se você tirar férias prolongadas?
— Não vai resolver, pois ficarei angustiada conforme o tempo for passando. Preciso de mais tempo para reorganizar minha vida.
— Quanto tempo você precisaria?
— Pelo menos dois anos.
— Entendo. A remuneração não faria falta no orçamento da família?
— Faria. Teríamos de cortar despesas e readequar os gastos.
— E se acharmos uma solução intermediária?
— Como assim?
— Você poderia trabalhar parte do tempo em casa. Interessa?
— Estou tão cansada que não tinha pensado nisso. Como seria?

O problema ainda não está resolvido, mas agora Jofre vai apresentar uma proposta que atenda as necessidades de Márcia, sem prejudicar a empresa.

Caso – "Marido tenta convencer a esposa a conseguir um sócio para diluir os riscos da nova empresa"

Ana e Mauro estão casados há vinte e cinco anos, são professores recém-aposentados, com uma renda mensal que cobre as despesas, mas sem folga para gastos supérfluos. Eles possuem um imóvel quitado, no qual residem, e outro que alugam a 2 mil reais por mês.

Mauro pretende prestar consultoria financeira a pequenos investidores, atividade que dará pouca renda, porém com risco baixo e nenhum investimento, já que trabalharia em casa. Ana sempre teve o sonho de gerir uma empresa que tivesse uma função social e, aos 52 anos, apareceu a oportunidade: comandar uma pequena indústria de reciclagem de lixo, que terá como fornecedores cerca de cem coletores de lixo urbano, autônomos.

O projeto foi aprovado pela prefeitura, e ela conseguiu financiamento de uma ONG para instalar uma pequena fábrica. Mauro acha a iniciativa arriscada e pouco lucrativa, contudo teme desestimular a esposa. Ele sabe que Ana é **perfeccionista**; sua motivação principal é o **altruísmo**; seu principal trunfo é que ela tem **credibilidade**; o principal risco é que ela **nunca teve um negócio para gerir**; e sua **BATNA** é mediana. Ele teme que Ana não consiga arcar com as muitas despesas e acabe falindo a empresa, o que poria em risco o único patrimônio do casal. O começo do diálogo foi o seguinte:

— Como estão os planos da empresa, querida?

— Tudo organizado: terreno alugado por cinco anos, equipamentos comprados, licença ambiental aprovada, alvará da prefeitura pronto, coletores escolhidos, muitos voluntários se oferecendo para ajudar e verba já liberada pela ONG.

— Que ótimo! Quem comprará a produção?

— Ainda estamos negociando, mas tenho certeza de que não faltarão interessados.

— Eu também acho, porém você precisa dar máxima atenção aos clientes potenciais. Alguém está próximo de fechar o contrato?

— Ainda não, mas vários empresários me disseram que, se houvesse problema, ajudariam.

— O que diz o pessoal da ONG a respeito?

— Que não ter compradores definidos é o nosso maior risco. Como o depósito é pequeno, só poderemos estocar uma semana de produção.

— Que tal contratar um vendedor que tenha experiência na área para firmar os primeiros contratos?

— Boa ideia, temos uma verba de reserva e acho que valerá a pena contratar um ou dois vendedores.

— Será uma ótima medida. Quantos meses vocês terão de reserva financeira?

— Três meses. Vamos torcer para que a partir do segundo mês comecemos a faturar!

— Vocês estudaram alternativas, caso demore mais do que três meses?

— Se for realmente necessário, pensei em pedir um empréstimo bancário dando um de nossos apartamentos como garantia. Você se opõe?

— Sinceramente, não gostaria de arriscar o que economizamos por quase trinta anos e está reservado para termos uma velhice tranquila. O que você acha de conseguir um sócio para ajudar no trabalho e trazer um capital extra?

— Não havia pensado nisso, mas acho difícil encontrar alguém com as mesmas motivações e expectativas que eu.

Mauro conseguiu ter acesso a todas as informações que precisava para contribuir e, ao mesmo tempo, não desestimular a esposa. O próximo passo será ajudá-la a conseguir um sócio para diluir os riscos e ajudar na gestão.

A seguir, veremos como, enfim, apresentar propostas para os seis casos.

Capítulo 14

Apresente sua proposta

> "Sua inteligência se traduz na forma como você julga e, principalmente, como utiliza as informações que tem."
>
> Carl Sagan

Agora que você já conhece os estilos, as motivações, os tipos de negociação, os trunfos, os pontos fracos e a BATNA de ambas as partes, ficou muito mais fácil definir suas metas, planejar concessões e preparar uma proposta justa.

Se você também já conseguiu estabelecer um vínculo amistoso e, com isso, fez perguntas que elucidaram as expectativas do outro lado, então chegou a hora de apresentar sua proposta.

Nela, você precisa mostrar que suas ideias, seus produtos ou serviços também atendem aos interesses da outra parte. Se seu interlocutor não conseguir entender o que ganhará negociando com você, sua proposta entrará por um ouvido e sairá pelo outro – ou pior, será imediatamente rejeitada.

Os interesses comuns são as peças complementares de qualquer negociação, pois facilitam a resolução das discordâncias. Quem tem muitos interesses compartilhados fará o possível para viabilizar a negociação, mesmo que tenha de ceder em alguns pontos. Afinal, se tiver de partir do zero e começar todo o processo com outra pessoa, terá um enorme trabalho e nenhuma garantia de que dará certo.

Para reforçar o interesse de seu interlocutor, não adianta apenas identificar seu principal motivador. Será fundamental oferecer benefícios que tenham relação com essa motivação. Vamos a eles.

Benefícios para ganhar dinheiro. Lembre-se que um interlocutor com esse motivador não dará muita importância ao reconhecimento, prazer ou autorrealização. Você precisará, portanto, fazer propostas em que ele efetivamente perceba que terá **uma boa chance de obter lucro**.

Benefícios para evitar perda. Lembre-se que um interlocutor com esse motivador tem muito medo de perder. Portanto, você precisará usar informações ou benefícios que eliminem ou diminuam a sensação de perda, como, por exemplo:

- Garanta a entrega do que foi combinado.
- Ofereça acompanhamento ou sua assistência pessoal.
- Demonstre (e prove) sua autoridade moral como negociador.
- Coloque-se como ponto de referência no processo.
- Proponha uma multa contratual, caso você não cumpra o combinado.

Benefícios para evitar incômodo. Lembre-se que um interlocutor com esse motivador gosta de comodidade, não tem paciência para negociar e evita qualquer tipo de burocracia. Você deverá, portanto, utilizar benefícios que tragam a sensação de que ele está sendo poupado de aborrecimentos. Por exemplo:

- Ofereça um "pacote completo" de produtos ou serviços.
- Utilize bastante as seguintes expressões: "Eu faço", "Eu resolvo", "Deixa comigo!", "Você não se incomodará com nada".
- Proponha toda comodidade na entrega, na instalação e no acompanhamento daquilo que foi acordado.
- Faça, previamente, toda a parte "chata" da negociação, como preenchimento de cadastro, aprovação de crédito etc.
- Seja totalmente acessível e responda rapidamente (WhatsApp, e-mail etc.) todas as solicitações que seu interlocutor fizer.

Benefícios para sentir prazer. Lembre-se que um interlocutor com esse motivador gosta de conforto, bem-estar e satisfação pessoal. Ele costuma ter paciência para negociar e adora debater os aspectos técnicos ou teóricos de sua proposta. Você deverá, portanto, utilizar benefícios que tragam sensação de prazer, por exemplo:

- Demonstre toda a satisfação que ele obterá com sua proposta.
- Fale sobre o prazer que ele sentirá no curto prazo.
- Apresente sua proposta de maneira detalhada e minuciosa.
- Proponha treiná-lo para utilizar seu serviço ou produto por conta própria.

- Demonstre a excelência daquilo que você está propondo fazer.

Benefícios para obter reconhecimento. Lembre-se que um interlocutor com esse motivador gosta de elogios e aprovação social. Ele costuma dar muita importância ao que os outros pensam ou dizem a respeito dele. Você deverá, portanto, utilizar benefícios que tragam sensação de sucesso. Por exemplo:

- Fale sobre a "fama" que ele obterá.
- Autorize que utilize sua proposta (para superiores, se for o caso) como se fosse dele.
- Ofereça inovação, exclusividade, lançamentos.
- Prove que os líderes usam o produto/serviço que você oferece.
- Reforce os ganhos sociais que ele terá.

Benefícios para ser altruísta. Lembre-se que um interlocutor com esse motivador se preocupa com o bem-estar alheio. Ele prioriza o todo em detrimento do individual. Você precisará portanto, utilizar benefícios que tragam sensação de dever cumprido, por exemplo:

- Fale como ele ajudará a empresa com sua proposta.
- Explique como ele ajudará muitas pessoas com sua proposta.
- Demonstre como ele fará a diferença na vida dos outros.
- Pergunte como ele poderá contribuir aprimorando sua proposta.
- Argumente sobre a autorrealização que ele obterá.

APRESENTE SUA PROPOSTA

Vamos aproveitar os seis casos vistos do capítulo anterior para preparar propostas compatíveis com as necessidades e os motivadores dos dois lados.

Caso – "Gerente tenta fazer uma primeira venda para um grande agricultor"

O gerente de unidade, Carlos, descobriu que Nestor, o agricultor, tinha como motivador **ganhar dinheiro.** Ele plantaria 3 mil hectares de soja e mil hectares de milho; compraria os insumos à vista com um bom desconto das três maiores revendas da região e seu lucro estimado era o equivalente a dez sacos de soja por hectare. Com isso tudo, fica claro que a **BATNA** de Nestor é muito forte. Com todas as informações, Carlos está preparado para fazer uma proposta.

— E se eu ajudá-lo a conseguir um lucro de doze sacos de soja (20% a mais), gastando apenas 10% a mais com meu pacote?

— Não acredito em milagres!

— E se provar o que estou dizendo?

— Como você provaria?

— Vamos separar uma parte de sua propriedade para que eu faça todo o manejo: indico a semente, a adubação, o controle de plantas invasoras, pragas e doenças. No final, fazemos a colheita separadamente e comparamos nossos resultados com o das áreas cuidadas pela concorrência. Garanto que, com o acompanhamento da minha equipe, seu lucro será pelo menos 10% maior. O que o senhor acha de fazermos esse modelo de acompanhamento em metade da área plantada?

— A proposta é interessante, mas metade é muito, pois você me cobrará 10% a mais do que a concorrência. Se houver seca, a produtividade cairá em todas as áreas e meu custo será maior. Aceito fazer um teste em 10% da área plantada.

Carlos já conquistou um grande feito ao garantir 10% da área de um agricultor que é líder regional – o que certamente facilitará negociações semelhantes com outros clientes –, contudo, 10% era sua meta mínima e ele tentará, na fase de ajustes, conseguir sua meta ideal, que é de 50% de toda a área plantada.

Caso – "Síndico tenta convencer condômino resistente"

O síndico Adão tinha como meta convencer o morador Arnaldo a vender parte de seu terreno para obras de melhoria do condomínio em que moram. O motivador de Arnaldo é **evitar perda** e sua **BATNA** é forte, pois ele tem poder de veto.

Com essas informações, Adão está preparado para fazer uma proposta.

— O senhor se sentiria confortável em conversar com um especialista para receber sugestões de melhorias?

— Desde que me ouçam, posso pensar a respeito.

— Qual o melhor horário para eu agendar uma conversa entre um especialista e o senhor?

— Amanhã, às 18h.

No horário marcado, o especialista começou a conversa:

— Senhor Arnaldo, o síndico me disse que o senhor está muito preocupado com a segurança e a falta de privacidade, é verdade?

— A segurança do condomínio é péssima. A privacidade, pior ainda.

— O senhor tem razão, e, para piorar, sua casa é a primeira depois da entrada, o que a torna ainda mais vulnerável. Posso mostrar uma sugestão de projeto?

— Pode.

Depois de mostrar o projeto, deixando claro sua experiência de vinte anos em segurança patrimonial, o especialista propôs:

— Se o senhor ceder apenas 10% de seu terreno, poderemos fazer um muro mais alto, e uma guarita mais segura. Além de o condomínio pagar por seu terreno, estou autorizado a fazer obras de acabamento para melhorar sua segurança, para que o senhor não perca nada. Ou seja, o risco de invasão diminuirá significativamente, o senhor não precisará ficar negociando com vizinhos desagradáveis e ainda terá mais privacidade. O que acha?

— Acho que o projeto ficou bom, mas não gostei da ideia de ceder parte do meu terreno.

— Entendo, mas garanto que é a melhor solução, principalmente para o senhor, que é tão zeloso com o bem-estar de sua família.

— Vou analisar com mais cuidado, porém adianto que vou querer uma indenização maior.

Com a ajuda do especialista, o síndico já conseguiu a meta mínima: a cessão do terreno para as obras. Agora, na fase de ajustes, ele tentará conseguir a meta ideal, que é pagar apenas o valor de mercado como indenização pelo terreno.

Caso – "Sócia quer romper a sociedade"

A engenheira Marta tem como meta convencer Joel, seu desinteressado sócio, a sair da operação da construtora que administram juntos. O motivador de Joel é **evitar incômodo** e sua **BATNA** é média. Com todas essas informações, Marta preparou a seguinte proposta:

— Joel, agradeço sua sinceridade por dividir suas angústias. Você me autoriza a buscar algumas opções de negócio com terceiros?

— Sim, Marta. Fico aliviado em ter sua compreensão, mas não quero ser pressionado para tomar decisões radicais.

— Fique tranquilo. Vou buscar uma solução equilibrada.

Uma semana depois, Marta apresentou a proposta:

— Joel, temos quatro casas não vendidas em estoque e uma dívida equivalente ao valor de oito casas. Minha proposta é que você fique com as quatro casas para vender como quiser, e eu assumo todas as dívidas e fico com 100% do negócio. O que acha?

— Sinceramente, acho que ainda é pouco, pois sua proposta equivale a 30% do nosso patrimônio total.

— É verdade, mas eu assumiria todas as dívidas, e como não tenho dinheiro, teria de conseguir um novo empréstimo ou um novo sócio. Ou seja, os riscos ficariam todos comigo e você, além do patrimônio, teria mais tempo e qualidade de vida.

— Ainda acho pouco...

— Joel, acho a proposta tão justa, que aceito exatamente o que propus: eu fico com as casas e você fica com todas as dívidas e a empresa. Prefere assim?

— Obrigado, Marta, mas acho que não consigo cuidar de tudo sozinho. Quero uma vida mais tranquila e sem tanta pressão por resultados, mas quero um valor compatível com todos esses anos de trabalho. E se eu ficasse com as casas e 20% do negócio, apenas como acionista e sem participar da gestão?

Marta ainda não fechou o acordo, mas já conseguiu sua meta mínima que era tirar Joel do dia a dia da empresa. Ela precisará negociar mais ajustes para chegar à sua meta ideal, que é ficar com 100% do negócio, sem endividar-se tanto.

Caso – "Mãe tenta motivar o filho adolescente a estudar"

A mãe tem como meta convencer seu filho a se dedicar mais aos estudos. O adolescente tem como motivador **sentir prazer** – ele só quer saber de jogar vôlei –, e sua **BATNA** é fraca, pois sabe que os pais e a escola exigem boas notas. A mãe combinou com o pai que, para evitar conflitos, só ela falaria em nome do casal, mas dentro dos parâmetros acertados previamente entre ambos.

— Você está disposto a trabalhar meio período para pagar o colégio e as despesas de viagem?

— Mas eu não teria tempo de treinar!

— Pois então, meu filho… Não temos condições financeiras de bancar seus estudos, clube para treino, viagens etc. Gostaria que você pensasse em tudo isso durante a semana e no domingo nos apresente uma proposta, ok?

No dia marcado, o rapaz se reuniu com os pais:

— Decidi permanecer no colégio e vou me esforçar para melhorar minhas notas.

— Ficamos muito felizes em ouvir isso de você. Como avaliaremos seu esforço?

— Muito fácil! No final do ano, vocês se orgulharão dos meus resultados...

— O final do ano está muito distante para avaliar seu desempenho. Como você é avaliado no time de vôlei?

— Toda semana o técnico mostra meu desempenho quanto à porcentagem de acerto de saques, levantamentos, ataque, recepção e defesa.

— E por que ele faz isso com essa frequência?

— Para que possa acompanhar minha evolução técnica e física.

— O que acontece se você ficar abaixo da média?

— Tenho de treinar mais e, se não melhorar, vou para a reserva.

— Que tal fazermos o mesmo com as matérias na escola?

— Mas semanalmente é muito puxado!

— E anualmente é muito distante. Proponho combinarmos com o coordenador de classe uma avaliação quinzenal, até porque eles têm interesse em que você seja bom aluno para continuar no time da escola.

— Que vergonha, mãe! Todo mundo vai saber que o coordenador está na minha cola!

— Quem, então, avaliaria seu desempenho e com qual frequência?

A mãe ainda não fechou o acordo, contudo, já conseguiu sua meta mínima de fazer com que Rodrigo se comprometa mais com os estudos no dia a dia, e não apenas nas provas finais. Ela precisará negociar mais alguns ajustes para chegar à sua meta ideal, que é acompanhar quinzenalmente seu desempenho escolar.

Caso – "Empresário tenta manter funcionária exemplar"

Jofre tem como objetivo manter no emprego a arquiteta Márcia, que pediu demissão para cuidar dos filhos. A motivação principal dela é **reconhecimento**, e sua **BATNA** é baixa, pois o marido está pressionando para que ela saia do emprego.

Com essas informações, Jofre preparou a seguinte proposta:
— A remuneração não faria falta no orçamento da família?
— Faria. Teríamos de cortar despesas e readequar os gastos.
— E se acharmos uma solução intermediária?
— Como assim?
— Você poderia trabalhar parte do tempo em casa. Interessa?
— Estou tão cansada que não tinha pensado nisso. Como seria?
— Você viria para a loja das 13h30 às 17h30, para atender seus principais clientes e aqueles que vierem por indicação. No restante do tempo, você ficaria em casa finalizando os projetos ou negociando por telefone.
— E se eu não der conta?
— Tenho certeza de que dará. Os clientes adoram seu estilo, e como 80% do que você ganha vem de comissões, meu

risco será mínimo e você se empenhará para manter seus rendimentos.

— E os outros vendedores não ficarão chateados comigo? Não gostaria de me sentir excluída.

— Pelo contrário! Eles ficaram preocupados com sua saída, pois disseram que você os ajuda bastante e, com seu carisma, atrai muitos outros clientes que eles acabam atendendo quando você não tem tempo.

— Nossa! Não sabia que era tão benquista. Ter esse reconhecimento vale até mais do que a remuneração.

— Eu acho que tem tudo para dar certo, Márcia. Precisamos apenas ajustar a metodologia de trabalho. O que você acha?

— Acho que vale a pena pensar melhor no assunto. Apenas preciso conversar com meu marido, pois isso não estava em nossos planos. Amanhã darei a resposta, ok?

Jofre ainda não fechou totalmente o acordo, mas já conseguiu sua meta mínima, que era convencer Márcia a negociar com o marido para trabalhar em meio período na loja. Ele precisará negociar mais alguns ajustes para chegar à meta ideal, que é manter a excelente produtividade de Márcia.

Caso – "Marido tenta convencer a esposa a conseguir um sócio para diluir os riscos da nova empresa"

Mauro pretende apoiar Ana, sua esposa, a ser uma pequena empreendedora, mas acha a iniciativa arriscada e quer convencê-la a conseguir um sócio. A motivação principal de Ana é o **altruísmo**, e sua **BATNA** é média, pois conseguiu as condições financeiras básicas para começar o empreendimento.

Com essas informações, Mauro preparou a seguinte proposta:

— Quantos meses vocês terão de reserva financeira?

— Três meses. Vamos torcer para que a partir do segundo mês comecemos a faturar!

— Vocês estudaram alternativas, caso demore mais do que três meses?

— Pensei em conseguir um empréstimo, dando um dos apartamentos como garantia. Você se opõe?

— Sinceramente, fico preocupado em arriscar o patrimônio que está reservado para termos uma velhice tranquila. O que você acha de conseguirmos um sócio?

— Não havia pensado nisso. O problema é que se for alguém mesquinho, haverá conflitos, pois você sabe que eu quero muito contribuir para que os coletores de lixo tenham uma vida mais digna.

— Por isso precisamos escolher muito bem. Você só poderá ajudar as pessoas se o negócio for bem administrado e lucrativo. Se a empresa falir, além de deixar todo o pessoal na mão, acabará com metade do nosso patrimônio.

— Você tem razão. Precisamos de alguém que, além de dinheiro, tenha competência para ajudar a viabilizar a empresa. Você teria alguém para indicar?

— Pensei em uma ex-colega de empresa. Ela também é altruísta, muito competente na área financeira, tem um pequeno capital para investir e está insatisfeita com o emprego atual. Acho que valeria a pena conhecê-la. Além de diluir os riscos do investimento, você teria um apoio importante para tocar o dia a dia.

— Você agenda uma conversa com ela nos próximos dias?
— Sim!

Mauro encaminhou o acordo com a esposa, mas precisará negociar mais alguns ajustes com Ana e a eventual sócia.

Capítulo 15

Faça ajustes

> "Comunicação não é o que você diz, mas o que o outro entende."
>
> David Ogilvy

Imagine-se em um hotel de uma cidade turística que você foi pela primeira vez. É domingo e você decide pedir sugestões na recepção para almoçar em um ótimo restaurante.

A indicação é de um lugar famoso, a quinze minutos de táxi do hotel. Ao chegar, você constata que há uma longa fila na calçada e um cartaz com os seguintes dizeres: "Espera de uma hora. Coloque seu nome na recepção e chamaremos assim que chegar sua vez".

Você esperaria ou procuraria outro restaurante?

Agora, imagine outra situação: ao chegar, você encontra a fila, mas nenhum cartaz. Você pergunta para as pessoas se vale a pena esperar e elas dizem que a comida é espetacular. Você resolve ficar um tempinho e, enquanto aguarda, os garçons oferecem alguns aperitivos e petiscos grátis. Você não gosta muito de esperar, mas a expectativa é grande e a fome, ainda maior. Depois de uma hora de espera, quando está no meio da fila, o garçom avisa que haverá mais uma hora de espera.

Você continuaria na fila ou procuraria outro restaurante?

Esse experimento foi realizado diversas vezes, e os resultados foram muito parecidos: no primeiro caso (o do cartaz avisando a espera logo na chegada), cerca de 80% das pessoas desistem e vão embora. No segundo caso (a pessoa já esperou uma hora), o resultado se inverte: quase 80% das pessoas, mesmo a contragosto, aceitam esperar mais uma hora.

A explicação mais plausível é de que, no primeiro caso, as pessoas não investiram quase nada em tempo, energia e expectativa. Ou seja, estão pouco comprometidas com a espera e desistem com facilidade. No segundo caso, a pessoa já investiu uma hora de seu tempo, criou expectativas sobre o cardápio, conversou com as pessoas na fila, degustou algo apetitoso – portanto, fica menos disposta a desistir e começar a procurar outro bom restaurante (que, provavelmente, também terá uma longa fila).

Com negociações bem-feitas, acontece o mesmo: digamos que você e seu interlocutor tenham investido uma hora em vínculo, perguntas, análises mútuas e, por fim, receberam uma proposta que, mesmo não sendo a ideal, dificilmente será rejeitada por completo, pois vocês já investiram tempo e esforço mental.

Assim, na maior parte das vezes, os ajustes são até mais importantes do que a proposta inicial, pois as pessoas começam a analisar o que podem obter de você naquele momento e vice-versa. Quanto mais tempo seu interlocutor – e você – tiver investido nas fases anteriores, maiores serão as chances de que a negociação chegue a um bom termo.

Não se esqueça de que seu interlocutor tem os próprios interesses, e por melhor que tenha sido sua proposta, sempre restarão dúvidas. Este será o momento de esclarecê-las.

Uma boa pergunta para iniciar a fase de ajustes será: "Algo do que eu disse não ficou claro ou está mal explicado?". Você está assumindo a responsabilidade por qualquer falha e, ao mesmo tempo, dando liberdade para o outro apresentar suas dúvidas.

Evite perguntas, como "O que você não entendeu?". O outro teria de assumir a própria ignorância, e poucos gostam de fazer esse papel, preferindo manter silêncio ou rejeitando mentalmente sua proposta: "Que argumentação complicada! Acho melhor não continuar a conversa".

Por outro lado, se seu interlocutor estiver à vontade, preferirá expressar suas dúvidas e discordâncias, pois na maioria das vezes as objeções representam interesse. Como diz o ditado, "quem desdenha quer comprar". Quanto mais contra-argumentos seu oponente apresentar, maior será o interesse em sua proposta.

Assuma mais uma vez a postura de ouvinte atento. Escute as objeções, anote o que for mais pertinente e esclareça todos os pontos, com boa vontade. Tome muito cuidado para não parecer impaciente, arrogante ou agressivo, pois é provável que nessa altura do jogo vocês estejam cansados e mais sujeitos a cometer deslizes.

Lembre-se também de que é o momento ideal para dar algo de "presente", pois as pessoas adoram receber concessões – mesmo que insignificantes –, para sentir que conseguiram levar alguma vantagem. Portanto, é hora de servir alguns "aperitivos e petiscos grátis": ou seja, concessões que não lhe farão falta, e que poderão ser decisivas para que o outro aceite a proposta.

Algumas dicas

- Ofereça pequenos descontos: "Posso dar 3% no pagamento à vista".
- Pergunte o que ele gostaria de ter a mais.
- Proponha parcelamentos: "É possível fazer em cinco vezes sem juros".
- Pergunte se ele gostaria de fazer uma contraproposta.
- Ofereça segurança: "Se houver qualquer dúvida, você terá meu acompanhamento pessoal".
- Dê garantias formais: "Tudo o que combinamos será feito sob forma de contrato".
- Ofereça comodidade extra: "Cuidarei de toda a parte burocrática".
- Demonstre gratidão: "Gostei tanto de negociar com você que o indicarei a outras pessoas".

Para exemplificar, vamos falar sobre os ajustes dos seis casos que vimos anteriormente.

Caso – "Gerente tenta fazer uma primeira venda para um grande agricultor"

Carlos propôs a Nestor cuidar de uma parte da lavoura e comparar os ganhos com a concorrência. Então, Nestor fez uma contraproposta:

— Aceito fazer um teste em 10% da área plantada.

— Qual é sua preocupação, senhor Nestor?

— Sua proposta é tentadora, mas como você espera obter 20% a mais de lucro?

— Minha equipe fará um monitoramento detalhado da área de que cuidarmos, e otimizaremos o uso de todos os insumos. Por exemplo: muitas vezes, é feita uma ou mais aplicações desnecessárias de inseticidas ou fungicidas, ou usando o *timing* errado. Como temos mais opções, posso escolher o melhor produto para aquele momento específico. Isso diminui os custos, melhora a produtividade e aumenta o lucro.

— Mas 50% da lavoura parece muito. Por que uma área tão grande?

— Para que tenhamos escala. Nosso modelo de negócios baseia-se em uma prestação de serviços muito superior à da concorrência, que só vende preço. Não damos descontos, mas contribuímos de fato para que nossos clientes aumentem seu lucro mediante o uso correto dos insumos. Para conseguir isso, pagamos salários mais altos para nossos agrônomos, que atendem um menor número de clientes e têm mais tempo para fazer toda a análise necessária. Com uma área maior, poderia designar um agrônomo para visitar sua propriedade toda semana.

— Qual seria o mínimo para começarmos?

— Para termos resultados comparativos confiáveis, no mínimo um terço da área, mas insisto que façamos 50% para otimizar nosso trabalho e aumentar seu lucro.

— Vou aceitar fazer 25% da área. Mas não pagarei à vista, e sim depois da colheita.

— Não há problema, o senhor tem crédito. Como o percentual ficou um pouco abaixo do ideal, preciso fazer um pedido.

— Qual?

— Gostaria de sua autorização para divulgarmos todos os dados da colheita e os resultados que obtivermos para toda região.

— Tive boas referências a seu respeito, mas ficarei de olho! Se os resultados forem realmente bons, autorizarei a divulgação.

Caso – "Síndico tenta convencer condômino resistente"

O síndico já conseguiu a meta mínima, que era a cessão do terreno para as obras, mas o morador quer um valor mais alto pela área:

— Vou analisar com mais cuidado, mas adianto que vou querer uma indenização maior.

— Infelizmente só estou autorizado a pagar o valor de mercado.

— Mas é pouco pelo transtorno que a obra me causará.

— Posso tentar aprovar que o senhor não participe do rateio para o pagamento das reformas, isso significa quase 10% acima do valor de mercado do terreno. Que tal?

— Os outros moradores aprovariam?

— Eu teria algumas dificuldades, precisaria fazer outra votação, mas acho que conseguiria a aprovação. Posso convocar a assembleia?

— Pode, mas não aceitarei nem um centavo a menos daquilo que você propôs.

— Ok. Preciso que o senhor assine uma proposta formal, aceitando o valor de indenização mais a contrapartida de não pagar pelas reformas, certo?

— Pode preencher a proposta, mas me dê um dia a mais para ler com cuidado antes de assinar. Como diz o ditado, "o diabo mora nos detalhes".

— O senhor tem toda razão em ser cuidadoso. Ainda hoje trarei o documento para sua análise.

No dia seguinte:

— O documento está correto e assinado. Tem certeza que consegue aprovar na assembleia?

— Pode ter certeza de que farei o possível para que a votação seja favorável. Se der tudo certo, amanhã trarei o contrato definitivo para sua assinatura. Combinado?

— Sim.

Caso – "Sócia tenta romper amistosamente a sociedade"

Marta ainda não fechou o acordo, mas já conseguiu sua meta mínima, que era afastar Joel do dia a dia da empresa.

— E se eu ficasse com as casas e 20% do negócio, apenas como acionista e sem participar da gestão?

— Até poderia ser, mas não se esqueça de que você ainda seria responsável por 20% das dívidas e não participaria das decisões. É isso que realmente deseja?

— Eu receberia minha parte dos lucros no final de cada ano contábil, certo?

— Meu orçamento prevê que os próximos três anos serão dedicados ao pagamento das dívidas e à aquisição de um novo terreno. Por isso, não haverá distribuição de dividendos antes de quatro ou cinco anos. Somente teremos uma retirada mensal, como salário, para quem estiver na ativa do dia a dia, o que não seria o seu caso.

— Assim fica ruim. Que tal eu ficar com as quatro casas e 15% do negócio?

— Ofereço 10%.

— Que tal ficarmos no meio-termo e fecharmos em 12,5%?

— Aceito, mas você pagará todos os impostos atrasados das quatro casas, e faremos uma cláusula que você só poderá vender essa sua nova participação para mim, ok?

— Não era exatamente o que eu gostaria, mas sua proposta é justa e podemos fechar assim.

Caso – "Mãe tenta motivar o filho adolescente a estudar"

A mãe já conseguiu sua meta mínima de fazer com que o filho se comprometa mais com os estudos no dia a dia. Agora, ela quer combinar como será feito o acompanhamento.

— Se você não quer o acompanhamento do coordenador de classe, quem, então, avaliaria seu desempenho, e com qual frequência?

— Acho que a senhora, no final de cada semestre. Não gosto de ninguém no meu pé, o tempo todo.

— Filho, você sabe que fazemos isso para seu bem. Para se tornar um atleta profissional, você precisará ter patrocínio do colégio por no mínimo dois anos, e a norma é clara: alunos repetentes saem do time. Aceito ser responsável por acompanhar seus progressos, mensalmente. Ok?

— Ok. Mas o que será avaliado?

— Apenas a frequência e as notas das provas.

— Qual é o mínimo?

— Será 90% de frequência e nota 7, que é o mínimo para a aprovação.

— E se eu não conseguir, o que acontece?

— Qual é sua sugestão?

— Aulas particulares, pode ser?

— Infelizmente, não temos dinheiro. Se você ficar abaixo da média, pediremos aulas de reforço para a supervisão da escola. Eles têm todo interesse em que você seja ótimo aluno, certo?

— Não será preciso, pois me esforçarei bastante. Se alcançar as notas, poderei viajar com o time para os campeonatos?

— Sim, este será seu prêmio. Estamos combinados?

— Sim, estamos!

Caso – "Empresário tenta manter funcionária exemplar"

Jofre está negociando com sua melhor funcionária, Márcia, para que ela trabalhe por meio período na loja e o restante em *home office* – mas mantendo sua excelente média de vendas.

— Precisamos apenas ajustar a metodologia de trabalho. O que você acha?

— Acho que vale a pena pensar a respeito. Apenas preciso conversar com meu marido, pois isso não estava em nossos planos. Amanhã darei a resposta, ok?

No dia seguinte:

— Conversei com meu marido e ele ficou até aliviado, pois teríamos de apertar nosso orçamento. Matricularei meus filhos em uma escolinha no período da tarde e, como terei uma renda razoável, poderei manter uma babá no turno da manhã para me ajudar com as crianças, enquanto faço os projetos. Assim meu marido poderá viajar mais tranquilo.

— Ótimo, Márcia. O que você precisará para trabalhar em casa?

— Um novo notebook e um telefone celular exclusivo para o trabalho.

— Está ok. E quanto aos sábados, que é o dia de maior movimento?

— Poderei trabalhar sem problemas, pois meu marido não viaja nos finais de semana e poderá ficar com as crianças. Como ficaria meu salário e as comissões?

— Manteremos como está, desde que você consiga atingir uma venda de 100 mil reais por mês, que é um pouco abaixo de sua média histórica. Pode ser?

— Acho que 100 mil reais é muito. Poderia ser 80 mil?

— Sua média no ano passado foi de 120 mil reais por mês. Tenho certeza de que, como terá mais flexibilidade, poderá, inclusive, fazer visitas a potenciais clientes no período da tarde e vender até mais.

— Tenho receio de decepcionar você. Vamos deixar a meta em 90 mil reais por mês, Jofre?

— Ok, Márcia. Vamos manter essa meta para os próximos seis meses e, depois, faremos uma análise, combinado?

— Fechado!

Caso – "Marido tenta convencer a esposa a conseguir um sócio para diluir os riscos da nova empresa"

Mauro está tentando convencer a esposa a admitir uma sócia para diminuir os riscos do negócio e limitar o uso das reservas financeiras do casal.

— Acho que valeria a pena conhecê-la. Além de diluir os riscos do investimento, você teria um apoio importante para tocar o dia a dia.

— Você tem razão. Vou agendar uma conversa nos próximos dias.

— Ótimo!

Uma semana depois:

— Sua amiga adorou a ideia, pois se identificou com meus valores e acha que pode contribuir muito com a melhoria de vida do pessoal envolvido na coleta de lixo. Também acredita que o negócio é financeiramente viável e pode dar lucro depois de alguns meses de trabalho duro.

— Excelente. Como ela pretende aportar os recursos?

— Assim que vender uma casa na praia, o que pode demorar de três a seis meses.

— Ela sabe que seu orçamento é limitado?

— Sim. Deixei tudo absolutamente claro, inclusive a necessidade de contratarmos vendedores.

— Quando vocês pretendem assinar o contrato?

— Assim que a ONG, que financia o projeto, aprovar a entrada dela. Eu já falei com eles e não haverá entraves.

— Melhor assim. Sugiro que, antes de começar o negócio, vocês esperem que toda a papelada esteja em ordem.

— Assim faremos!

Conforme visto, muitas das negociações descritas começaram com propostas relativamente fixas, que foram se ajustando conforme as partes abriam o jogo e demonstravam real interesse.

É importante relembrar que sua flexibilidade e a maior ou menor quantidade de concessões deverão ser baseadas nos seguintes pontos:

Tipos de negociação:
- *Acidental* – Faça como achar melhor, pois não há necessidade de manter o relacionamento nem de obter bons resultados.
- *Cooperativa* – Faça concessões visando mais o relacionamento que os resultados.
- *Equilibrada* – Seja flexível e troque concessões buscando tanto o relacionamento como os resultados.
- *Utilitária* – Faça poucas concessões, tentando maximizar os resultados.

Trunfos *(expertise, credibilidade, poder, talento natural e padrões)*. Quanto mais fortes forem seus trunfos, menor será a necessidade de concessões.
- *BATNA forte* – **Poucas concessões.**
- *BATNA fraca* – **Muitas concessões.**

Para resumir: as negociações mais delicadas e que exigirão maior esforço, determinação, paciência e perseverança serão as **equilibradas**, pois os trunfos e as BATNAS são parecidos para ambos os lados.

Nos casos em que você e seu interlocutor tiverem condições parecidas, cresce ainda mais a importância dos ajustes.

Capítulo 16

Feche o acordo

"Um grama de confiança pessoal bem-fundamentada vale mais que uma tonelada de contratos formais."

J. P. MORGAN

Você já deve ter percebido que obter bons resultados em uma negociação tem muito mais a ver com o processo todo do que com técnicas mirabolantes de fechamento. Se as fases anteriores foram bem-feitas, certamente a etapa de fechamento será muito mais fácil, quase natural, e seu interlocutor enviará, discretamente, sinais de que está pronto para isso.

Sinais de fechamento são reações positivas do outro lado, indicando que está pronto para concluir a negociação! São sinais muito variados que podem passar despercebidos, pois pouquíssimas pessoas dirão: "Adorei sua proposta, vamos fechar imediatamente o acordo!".

A chave é ouvir atentamente o que o interessado diz, e aprender a identificar os sinais de fechamento. Exemplos:

- "Parece bom."
- "Quais são as outras opções?"
- "Quando poderiam entregar?"

- "Explique um pouco mais."
- "Tem desconto à vista?"
- "Quando posso dar a resposta?"
- "Você acha que essa é a melhor opção?"

A principal dica, nessa situação, é: não deixe a oportunidade passar e proponha o fechamento!

O pior cenário ocorre quando seu interlocutor, por não ter mais argumentos contrários à sua proposta, tenta ganhar tempo, ao dizer: "Vou pensar melhor e assim que possível voltarei a contatá-lo".

Não se conforme com essa situação e pergunte de imediato: "Quais são suas dúvidas? Podemos repassar todos os pontos detalhadamente". Aproveite a brecha, responda as dúvidas, faça ajustes se necessário, e feche o acordo. Se ficar para outro dia, você provavelmente terá de recomeçar tudo: vínculo, perguntas, nova proposta e mais ajustes...

Portanto, se você está convicto de que o acordo é bom para ambos os lados, seja objetivo e tome a iniciativa ao propor o fechamento. Sugiro apenas quatro estratégias:

Fechamento direto. "Vamos fechar?". É um pouco arriscado, pois a palavra final será de seu interlocutor, e como você deu essa opção, ele pode simplesmente dizer "não", e você terá de refazer sua argumentação.

Fechamento com ação. Descreva minuciosamente o acordo, passo a passo, etapa por etapa e, no final, peça os dados da pessoa – como o endereço, número do CPF, um documento ou uma assinatura. "Agora que concordamos com a urgência do projeto, vou preparar o resumo e assinamos juntos!" Muitos acordos não são fechados porque um interlocutor fica esperando a iniciativa do outro. Não tenha receio de ser incisivo.

Fechamento com incentivo. "Se fecharmos hoje, consigo mais trinta dias de prazo". "Posso conseguir 3% de desconto à vista." "Se fecharmos agora, conseguirei entregar ainda hoje." "Posso dar mais um acessório como cortesia, o que você prefere?" "Se você der sua aprovação agora, consigo terminar o relatório até às 14h." Para quem já está motivado e convencido, basta um empurrãozinho para fazer a diferença e concluir a negociação.

Fechamento "ou/ou". "Vamos marcar a viagem para o dia 30 ou para o dia 1º?" "Vamos almoçar no restaurante A ou B?" "Você prefere pagar no boleto ou no cartão de crédito?" "Prefere pagar à vista com desconto ou em cinco parcelas?" Dar apenas duas opções facilita muito mais a tomada de decisão do que um pedido aberto ou com várias modalidades, situação que poderá deixar seu interlocutor com dúvidas, dificultando a decisão. Nessa altura do jogo, dar muitas opções mais atrapalha que ajuda no fechamento.

Uma vez fechado o acordo, não se esqueça de documentá-lo, seja por contrato, preenchimento do pedido, ou simplesmente um e-mail ou WhatsApp. Detalhe o que foi combinado e peça confirmação. Fica muito mais difícil desistir quando há algum tipo de formalização.

Negociações complexas certamente demandam muitas horas de estudo e preparação para dar resultado. Porém, se os princípios de negociar acordos justos em todas as áreas forem mantidos, certamente melhorarão significativamente seus resultados.

Para encerrar, gostaria de contar uma história que o megainvestidor Warren Buffett já usou em alguns de seus pronunciamentos. Antes, algumas particularidades de Buffett:

- É considerado o maior investidor de todos os tempos.
- É uma das três pessoas mais ricas do mundo, com uma fortuna estimada, em 2019, no valor de 65 bilhões de dólares. Em 2017, reportou um ganho pessoal de 30 milhões de dólares por dia.
- Deixou registrado que 83% de sua fortuna será doada à Fundação Bill e Melinda Gates. É o maior ato filantrópico da história.
- Deixará como herança para os três filhos "apenas o suficiente para que tenham uma vida confortável, mas que precisem continuar trabalhando".
- Mora modestamente na mesma casa comprada por 31 mil dólares, em 1958.
- Nunca teve seguranças e dirige o próprio carro, um modelo básico.
- Aos 89 anos, continua trabalhando das 8h30 às 17h30, cinco dias por semana.
- Em 1965, quando assumiu o controle da Berkshire Hathaway, empresa que concentra seu portfólio, as ações da companhia eram negociadas a cerca de 10 dólares cada. Atualmente, cada ação custa perto de 100 mil dólares.
- Quem aplicou 100 dólares na firma de Buffett em 1965, tem hoje o equivalente a 1 milhão de dólares. Os mesmos 100 dólares aplicados na média do Dow

Jones (bolsa de valores de Nova York) equivaleriam, hoje, a cerca de 3 mil dólares.
- É considerado um negociador preparado, estudioso, perfeccionista, exigente e quase implacável, mas absolutamente confiável. Há uma brincadeira corrente no mercado de capitais: a palavra de Buffett vale mais que cem páginas de contratos assinados.

Buffet conta, que, aos 16 anos, adorava automóveis e queria muito ter um, apesar de ser algo quase impossível para alguém de classe média baixa como era o caso de sua família, na época.

Certo dia, sonhou com um gênio da lâmpada que lhe fez a seguinte promessa: "Warren, tenho acompanhado sua vida e decidi atender um único pedido: darei o carro que você quiser. Escolha o modelo que amanhã voltarei no mesmo horário para providenciar seu pedido". Ele acordou e pensou: "Já ouvi muitas histórias sobre gênios e com certeza deve haver alguma pegadinha".

Na noite seguinte, ele contou que, mais ou menos no mesmo horário, o gênio voltou, no sonho, para realizar o desejo. Porém, como Buffett desconfiava, havia uma condição prévia, e o gênio disse: "Escolha bem, pois será o primeiro, mas também o último carro que você terá na vida".

Quando acordou, a primeira coisa que pensou foi em qual seria sua estratégia ao saber que o carro teria de durar para o resto da vida. E concluiu que, se assim fosse, tomaria várias providências: leria o manual muitas vezes; manteria o carro em lugares protegidos de intempéries climáticas; consertaria imediatamente qualquer arranhão ou pequeno defeito; faria todas as revisões dentro do prazo; não abusaria do motor; só usaria gasolina de primeira; cuidaria do interior com esmero; e assim por diante.

Depois de contar a história do gênio aos atônitos ouvintes (que ainda não entenderam aonde ele quer chegar), ele conclui: "Essa deveria ser a estratégia de qualquer pessoa com relação ao seu corpo, à sua mente e a sua reputação. Se não cuidar deles corretamente, estarão arruinados em poucos anos, como um carro malcuidado estaria. Portanto, o que você faz agora é o que determinará como estará seu corpo, sua mente e, principalmente, sua reputação daqui a trinta ou quarenta anos".

Penso que o fato de negociarmos todos os dias, pelo resto de nossa vida, tem um paralelo com a história de Buffett: nossa credibilidade como negociador é construída aos poucos, ano após ano, e provavelmente é nosso ativo mais importante, pois preferimos fazer acordos com pessoas com a reputação de ser justas e confiáveis.

Se usar as técnicas mostradas neste livro, além de obter ótimos resultados, será reconhecido como alguém com quem vale a pena negociar por muitos anos, pois, ao contrário de um carro, reputação não envelhece.

Anexo – Plano de negociação

1. **Resuma a situação a ser negociada.**
   _____
   _____
   _____
   _____

2. **Autoanálise.**
   Qual é seu estilo?
   _____

   Qual é o tipo da negociação?
   _____

   Qual é seu principal motivador na negociação?
   _____

   Quais são seus trunfos?
   _____

   Quais são seus pontos fracos?
   _____

   Qual é sua BATNA?
   _____
   _____

   Qual é sua meta otimista?
   _____
   _____

Qual é sua meta mínima?
_____
_____

Quais serão suas concessões (se necessárias)?
_____
_____

3. **Quem é seu oponente ou interlocutor?**
   Qual é seu estilo?
   _____

   Qual é seu principal motivador?
   _____

   Quais são seus trunfos?
   _____

   Quais são seus pontos fracos?
   _____

   Qual é sua BATNA?
   _____

   Qual é sua meta?
   _____

   Quais concessões ele estaria disposto a fazer?
   _____
   _____

4. **Qual será sua proposta?**
   _____
   _____

ANEXO – PLANO DE NEGOCIAÇÃO

5. Quais ajustes você poderia propor?
_____
_____

6. Como você fará o fechamento?
_____
_____

Agradecimentos

Agradeço especialmente à minha esposa, Márcia Marques Ferraz: sua paciência e inteligência contribuíram bastante para os principais ajustes no conteúdo.

Aos amigos e parceiros que, com suas sugestões, trouxeram o livro o mais próximo da realidade. Amândio João da Silva Júnior, Alceu Vezozzo Filho, Altemir Farinhas, Angel Iglesias, Calú Fernandes, Dilamar Dall Agnol, Fábio Bedin, Gerônimo Machado, José Paulo Furtado, Jackson Martelli, Jonathan Moraes, João Alécio Mem, Leoni Pedri, Lucídio Conzatti Junior, Marcos Pedri, Maria Fernanda Marques, Paulo Machado, Paulo Henrique Lima, Pedro Ronzelli Júnior, Plínio Rohr, Samuel Ramos Lago, Walter Cardoso da Silveira Filho.

A todos, meu muito obrigado.

O autor

Eduardo Ferraz é engenheiro agrônomo, formado pela Universidade Federal do Paraná (UFPR). Pós-graduado em Direção de Empresas pelo Instituto Superior de Administração da Pontifícia Universidade Católica do Paraná (ISAD PUC-PR), é especializado em Coordenação e Dinâmica de Grupos pela Sociedade Brasileira de Dinâmica de Grupos (SBDG). Trabalhou na multinacional Ciba Geigy, de 1986 a 1991, e a partir de então começou a ministrar treinamentos, tendo como base teórica a psicologia e neurociência comportamental.

Tem mais de trinta anos de experiência e cerca de 35 mil horas de prática com consultorias em empresas e em treinamentos e palestras nas áreas de negociação, vendas e gestão de pessoas. Eduardo é reconhecido tanto por seu consistente embasamento teórico quanto por seu estilo direto e assertivo. Toda essa bagagem o torna um dos mais capacitados profissionais em desenvolvimento humano no país.

Possui grandes *cases* de sucesso e atende clientes como Banco do Brasil, Bayer, Basf, Bourbon Hotéis, Correios, Dell Anno, Fiat, Fiep, Livrarias Curitiba, Louis Dreyfus Company, Petrobras, Sadia e Sebrae, entre muitos outros.

Entre 2010 e 2020, teve mais de mil participações na mídia, entre artigos, vídeos e entrevistas em vários veículos de comunicação, dentre eles os canais de televisão aberta e a cabo Globo, Bandeirantes, SBT, Record, Globo News e GNT, e em emissoras de rádio como Bandeirantes, BandNews, CBN, Globo, Jovem Pan e Transamérica.

Teve participação em revistas, como: *Exame, Época, Época Negócios, Nova, Veja, Você S/A* e *Você RH*, entre outras, e jornais como *Folha de S.Paulo, O Estado de S. Paulo, Jornal da Tarde, Estado de Minas, Diário de Pernambuco, Correio do Povo, Zero Hora* e *Gazeta do Povo*, entre muitos outros. Já foi colunista nas rádios CBN e Bandnews Curitiba.

Atualmente é comentarista em vídeos na EXAME.com e colunista da rádio Bandeirantes.

Eduardo também é autor de cinco best-sellers. Em 2010, publicou o livro *Por que a gente é do jeito que a gente é?*. Em 2013, *Seja a pessoa certa no lugar certo*, com versão atualizada em 2019. Em 2017, publicou *Gente que convence* e, em 2018, *Gente de resultados*. Em 2015, *Negocie qualquer coisa com qualquer pessoa*, cuja versão atualizada e ampliada você tem em mãos. Somados, esses cinco livros já venderam mais de 300 mil exemplares e permaneceram por mais de cem semanas nas listas dos livros de negócios mais vendidos do país.

Referências bibliográficas

Livros

ANDERSON, Chris. *TED TALKS*. O guia oficial do TED para falar em público. Rio de Janeiro: Intrínseca, 2016.

ARIELY, Dan. *Previsivelmente irracional*: como as situações do dia a dia influenciam as nossas decisões. Rio de Janeiro: Campus, 2008.

_____. *Positivamente irracional*: os benefícios inesperados de desafiar a lógica em todos os aspectos de nossas vidas. Rio de Janeiro: Campus, 2010.

CHIPP, Heath; CHIPP, Dan. *Gente que resolve*: como fazer as melhores escolhas em qualquer momento da sua vida. São Paulo: Saraiva, 2013.

CIALDINI, Robert B. *As armas da persuasão*: como influenciar e não se deixar influenciar. Rio de Janeiro: Sextante, 2012.

CORREA, Cristiane. *Sonho grande*: como Jorge Paulo Lemann, Marcel Telles e Beto Sicupira revolucionaram o capitalismo brasileiro e conquistaram o mundo. Rio de Janeiro: Sextante, 2013.

DONALD, Dell; BOSWELL, John. *Nunca faça a primeira oferta*: as lições dos maiores especialistas de todos os tempos para vencer negociações com inteligência e diplomacia. Rio de Janeiro: Campus, 2010.

DUHIGG, Charles. *O poder do hábito*: por que fazemos o que fazemos na vida e nos negócios. Rio de Janeiro: Objetiva, 2012.

_____. *Mais rápido e melhor*: os segredos da produtividade na vida e nos negócios. Rio de Janeiro: Objetiva, 2016.

FERRAZ, Eduardo. *Vencer é ser você*: entenda por que a gente é do jeito que a gente é para progredir na carreira e nos negócios. São Paulo: Gente, 2012.

_____. *Gente que convence*: como potencializar seus talentos, ideias, serviços e produtos. São Paulo: Planeta, 2017.

_____. *Gente de resultados*: como formar e liderar equipes enxutas de alta performance. São Paulo: Planeta, 2018.

_____. *Seja a pessoa certa no lugar certo*: saiba como escolher empregos, carreiras e profissões mais compatíveis com sua personalidade. São Paulo: Planeta, 2019.

FISHER, Roger; URY Willian. *Como chegar ao sim*: como negociar acordos sem fazer concessões. Rio de Janeiro: Salomon, 2014.

GARDNER, Howard. *Inteligências múltiplas*: a teoria na prática. Porto Alegre: Artmed, 1995.

GOLEMAN, Daniel. *Inteligência emocional*: a teoria revolucionária que redefine o que é ser inteligente. Rio de Janeiro: Objetiva, 1995.

_____. *Foco*: a atenção e seu papel fundamental para o sucesso. Rio de Janeiro: Objetiva, 2013.

GRANT, Adam. *Dar e receber*: uma abordagem revolucionária sobre sucesso, generosidade e influência. Rio de Janeiro: Sextante, 2014.

KAHNEMANN, Daniel. *Rápido e devagar*: duas formas de pensar. Rio de Janeiro: Objetiva, 2012.

LEWIS, Michel. *O projeto desfazer*: a amizade que mudou nossa forma de pensar. Rio de Janeiro: Intrínseca, 2017.

MLODINOW, Leonard. *Subliminar*: como o inconsciente influencia nossas vidas. Rio de Janeiro: Zahar, 2013.

PINKER, Steven. *Guia de escrita*: como conceber um texto com clareza, precisão e elegância. São Paulo: Contexto, 2016.

RIES, Al; TROUT, Jack. *Marketing de guerra*: Edição histórica. São Paulo: M.Books, 2011.

SCHROEDER, Alice. *A bola de neve*: Warren Buffett e o negócio da vida. Rio de Janeiro: Sextante, 2008.

SHELL, G. Richard. *Negociar é preciso*: estratégias de negociação para pessoas de bom senso. São Paulo: Negócio, 2001.

THALER, Richard; SUNSTEIN, Cass. *Nudge*: o empurrão para a escolha certa. Aprimore suas decisões sobre saúde, riqueza e felicidade. Rio de Janeiro: Campus, 2009.

URY, Willian. *Negocie para vencer*: instrumentos práticos e criativos para chegar ao sim. São Paulo: HSM, 2013.

WATTS, Duncan J. *Tudo é óbvio*: desde que você saiba a resposta. São Paulo: Paz e Terra, 2011.

Artigos

OLIVEIRA, Ana Isabel. Grigori Perelman, o génio recusa prémio. *Jornal de Notícias* 11 jun. 2010. Disponível em: <http://www.jn.pt/PaginaInicial/Gente/Interior.aspx?content_id=1590388>. Acesso em: 12 nov. 2019.

OLIVEIRA, Darcio. Ovelha desgarrada. *Época Negócios*. Disponível em: <http://epocanegocios.globo.com/Revista/Common/0,,ERT71473-16642,00.html>. Acesso em: 12 nov. 2019.

O homem que revolucionou o absorvente na Índia. *Exame.com*. Disponível em: <http://exame.abril.com.br/tecnologia/noticias/conheca-o-homem-que-revolucionou-o-absorvente-higienico-em-v>. Acesso em: 12 nov. 2019.

Vídeos

PATI, Camila. 17 dicas de ouro para você se dar bem em qualquer negociação. *EXAME.com*. Disponível em: <https://exame.abril.com.br/carreira/17-dicas-de-ouro-para-voce-se-dar-bem-em-qualquer-negociacao/>. Acesso em: 12 nov. 2019.

Leia também:

Frequentemente você precisa convencer alguém de algo: sua competência profissional; seu valor em um relacionamento afetivo ou a qualidade de seus produtos e serviços. Portanto, é fundamental identificar e utilizar as características de sua personalidade que aumentam sua autoconfiança, bem como aplicar técnicas para aprimorar seu poder de persuasão. Nesse livro, o autor propõe um método prático, que dará ferramentas para potencializar sua capacidade de convencimento e, assim, melhorar significativamente seus resultados pessoais e profissionais.

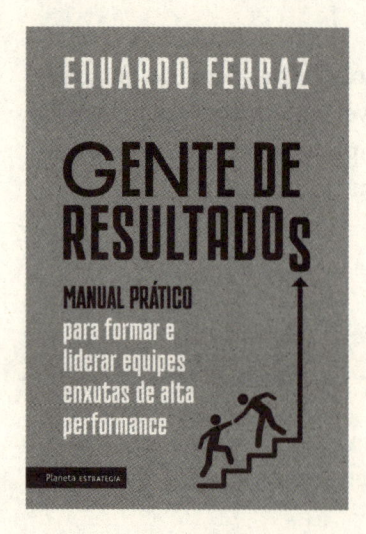

"Como contratar, preparar, motivar e liderar profissionais de alto rendimento, sem ser especialista no assunto?"

Para responder a essa pergunta fundamental, o autor, baseado em mais de 30 anos de experiência em consultorias e treinamentos, preparou um manual prático para gestores que gostariam de obter excelentes resultados em sua atividade profissional, e mostra, de forma objetiva, como formar equipes compactas de altíssimo potencial.

O que o faz diferente da maioria? Quais são suas características mais marcantes? Que ferramentas você possui para alcançar seus objetivos? O que gostaria de mudar? Tem a sensação de que poderia assumir outros caminhos, mas não sabe por onde começar?

Este livro oferece essas e outras respostas por meio de uma metodologia baseada em pesquisas e nos conceitos mais modernos da neurociência comportamental, além da experiência de mais de trinta anos do autor como consultor em gestão de pessoas. O objetivo é aprimorar seu autoconhecimento e ajudá-lo a decidir o que fazer e onde chegar em sua jornada profissional.

**Acreditamos
nos livros**

Este livro foi composto em Minion Pro e
impresso pela Gráfica Santa Marta para a
Editora Planeta do Brasil em abril de 2025.